副業するならカメラマン

カメラ歴0日でも稼ぐカメラマンになれる全ノウハウ

カメラマン養成所「カメラマン全力授業」代表
小椋　翔

フォレスト出版

はじめに――副業するなら、カメラマンがいい

給料が上がらない＆副業解禁時代、あなたはどうする？

起業して10年、将来会社が残る確率は３％。

終身雇用はなくなり、近未来にＡＩによって、ほとんどの仕事の形が変わろうとしていることは想像がつくかと思います。

ここで１つ質問です。

あなたが生涯お金の悩みをなくすためには、いくら貯金があればいいと思います

か？

値札も見ずに、ほしいものを買うための金額です。

1億でしょうか？　5億でしょうか？　それとも10億？

答えは各々違うと思いますが、今の仕事のままで、その金額を手に入れるイメージはできますか？

たった一度きりの人生で、お金の悩みがなくなるくらい手にしたいと思いませんか？

もしも、今現在、カメラを持っておらず、機械音痴で、センスもなく、副業もしたことがない人が、3カ月後にはプロカメラマンとして、それだけで生活できるぐらいのノウハウを持ったとすれば、あなたは、立ち読みではなく、この本を自宅に持ち帰り、食い入るように読み始めますか？

この本は、カメラのテクニックの本というよりは、**カメラ歴0日でも、3カ月間でプロカメラマンとして生きていくことができるほどの副収入を得るためのノウハウを詰め込んだ副業の教科書**です。

もしかしたら、写真家の方が気を悪くするような表現もあるかもしれません。カメラマンの常識だとされていたものを覆す内容にもなっていますが、僕自身がカメラ1台から1億円というお金を生み出した成功事例やノウハウを惜しみなく盛り込んでいます。もしかしたら**「ネオカメラマン」といった違う業種と思っていただいたほうがスムーズに入ってくる**かもしれません。

突然ですが、明日からカメラマンとして、副業してみませんか？

僕は副業を学ぶために、アフィリエイトや在宅ワーク、コピーライターなど、いろいろな職業を調べて経験してきました。

実際にやってみて、ちょっと怪しかったり、あまり稼げなかったり、自分の技量が足りないせいもありましたが、今ひとつ、しっくりきませんでした。

しかし、カメラを買い、手に取ってみたところ、押せるボタンが限られていることに気がつきました。

そのとき、素人ながらに、「カメラなら、案外誰にでもできるんじゃないか？」と思ったことを覚えています。

そして、カメラマンとして成功して稼いでいる人と、一般のアマチュアカメラマンとは何が違うのか、調べてみました。

一流のカメラマンにたくさん会いに行って、どのように撮影しているか、聞いてみました。

これは、〝山のてっぺんの法則〟というもので、山のてっぺんに最短で辿り着くためには、てっぺんに行ったことがある人に道順を聞けばいいのです。

さっそく僕は、カメラマンとして成功している超一流の人たち、それこそ世界第1位の人にも、日本で有名な人にもたくさん会いに行きました。

そして、成功者の考え方、稼ぎ方、カメ

ラの設定の仕方を聞き出すことに成功し、それを取り入れたところ、ものの数カ月で200万円稼ぐカメラマンになれました。

カメラのオートしか知らないのに、中古カメラ1つで写真館をオープンし、それから日本トップのカメラマンに会いに行きました。全国に約500人生徒がいるカメラマン養成所も設立したところ、一気にその売上は、1億円を超えることになったのです。

あなたはすでに、プロカメラマンになる素質を持っている

あなたはすでに、プロカメラマンになる素質を持っています。

そもそもプロカメラマンという職業に枠組みはなく、あなたが自分で「プロカメラマン」と言えば、プロカメラマンなのです。

「プロカメラマンの名前を10人言ってみてください」

こう言われて、あなたはすぐに答えられますか？

事実、すぐに答えられる人はほとんどいません。

しかし、「芸能人の名前を10人言ってください」と言われれば、たいていの人は答えられるはずです。

芸能人であれば答えられるのに、プロカメラマンでは答えられない……。

これが現実です。

プロカメラマン＝高いクオリティだと思う人が多いですが、**クオリティを上げたからといって、万人の目に留まるプロカメラマンになれるわけではない**ことを、まずは受け入れてください。

どれだけすごいカメラマンでも、生活ができているかといえば、決してそうとは言えない世界です。

いいカメラがあるから、いいレンズがあるからと、物に頼ればいい写真が撮れるわけではないのです。

では、いい写真とは何でしょうか？

それは、**お客様が満足する写真**です。

僕たちプロカメラマンは、依頼されて写真を撮り、初めてお金をいただけます。

日本人は、お金をいただくことに罪悪感を覚える人種です。「お金」という言葉に、罪悪感を抱いてしまうからです。

ですから、僕たちは、**「お金＝信頼」**と置き換えることにしました。

どれだけお客様に満足していただいて信頼（お金）を得られるかを考えて行動すれば、プロカメラマンとして、また副業としても、どんどん売上を上げることが可能です。

あなたがプロカメラマンになるためにまず必要なのは、そのマインドです。

間違っても、プロカメラマンになるからと本屋に行き、先にカメラの本を買ってはいけません。

それでは、売上を得られるカメラマンにはなれません。

あなたのその行動は、「技術を磨けば依頼がくるだろう」という、自分の不安を消し去るためだけのものです。

第一に学ぶべきことは、「お客様の満足度を上げる方法」です。

買うならば、経営などのビジネス書から始まり、消費者心理、顧客満足に関する本でしょう。

それから、お客様を満足させるために、カメラの設定を覚えたり、よりお客様に喜んでもらうために、ストロボを使う方法を学んだりと、技術面での知識を備えることで、売上へと直結していきます。

もし今、**あなたがカメラを持っていないとすれば、固定観念がない分、副業として、プロカメラマンとして売上をアップさせる伸びしろがより大きい**ことを意味します。

この本の後半では、より具体的な撮影方法や撮り方のノウハウをお伝えしていきます。読み終える頃には、安定した副収入を得るレベルまで達していることでしょう。

カメラ経験ゼロだった人たちが続々高収入を得ている

僕が代表を務めるカメラマン養成所の卒業生のほとんどが、カメラ経験ゼロの人たちです。中には、スマホでしか写真を撮ったことがないという人もいます。

それでも、たった3カ月間でプロカメラマンとして独り立ちできるカリキュラムのもとで、皆さん巣立って行かれます。

ここでは、カメラ経験ゼロだった、数人の卒業生のお話をしたいと思います。

◉1件50万円でIT社長から依頼を受けるカメラマンAさん

とある有名なIT企業の社長からの依頼で、ドローン撮影込みのハワイ撮影を50万円で依頼された卒業生がいます。彼は、ドローンを持っていなかったので、ドローンの購入代金はじめ、ビジネスクラスのチケット、高級ホテル代等、すべてを負担してもらって、仕事をしてきました。

◉夢だった個展を開いたBさん

個展を開いた卒業生は何人もいますが、まったくの素人から勉強し、個展を開いたBさん。会場にはキヤノンの方も足を運び、そこで声がかかって、今ではプロカメラマンとして活躍しています。

◉カメラ片手に自転車で日本一周するCさん

カメラマンは在庫がいらない職業です。カメラとSDカードとパソコンがあれば、いつでも、どこでも写真が撮れます。

◉自宅スタジオをオープンしたDさん

カメラマン養成所では、自分がどうすれば夢を実現できるか、その考え方やノウハウを教えています。プロカメラマンとして自宅スタジオをオープンすることが夢だったDさんは、卒業後1カ月で、念願のスタジオを手に入れました。

◉海外の撮影依頼が殺到中のEさん

人の悩みのほとんどは、人間関係の悩みと言われています。

Eさんも、日本にいるときは、人間関係の煩わしさに頭を抱えていました。

しかし、海外からの撮影依頼を多く受けたことでその悩みから脱却。プロカメラマンとしての飛躍とともに、自分のブランディングにも成功しました（海外からの依頼でも、旅費、宿泊費といった滞在費はすべてお客様持ちです）。

◉子育てママFさん、持ち前のコミュニティ力で1カ月120万円の売上を突破

子育てをしながら働くのは、とても大変なことです。

しかし、Fさんのように発想を変えれば、いとも簡単に願いは実現します。

Fさんは持ち前のコミュニティ力を発揮し、カメラマン同士の横のつながりを強化しました。たとえ子どもがインフルエンザになっても、代わりに撮影してくれるカメラマンがいれば、心強いですよね。そんなふうに、Fさんが集客し、仲間内のカメラマンに撮影をお願いして、費用は折半という形を取ったことで、4カ月目には月収120万円を売り上げる快挙を遂げました。子育てをしていても、自宅にいながらでも、カメラマンとして売上を確保しています。

◉合法的に副業をし、3カ月間で100万円を突破した公務員のGさん

学校の先生をしているGさんは、合法的に副業できることを知り、プロカメラマンになることを決意。ハワイ旅行に行き、現地で依頼を受け、旅費を払ってもお釣りがくるほどの売上を上げてきました。

いかがですか？

皆さんは、3カ月も経たないうちに、しっかりと売上を立てています。しかも、**卒業生は、カメラ歴ゼロ日だった人ばかり**です。

最初は、副業として取り組む人も多いですが、すぐに本職よりも収入が上がっていくため、会社を辞めた人は数えきれません。

インスタ映えなど、そうした時代背景にも押されているのかもしれませんが、楽しみながら撮影をして、1件あたり20万円も30万円も稼げたら最高ですよね。

たった1件の撮影で、会社員の1カ月分の収入が得られるのですから、価値観が変わるのは当たり前です。あとは、どうすれば自分という単価を上げられるかを追求し、お客様に喜んでもらうかです。

自分の考え方、行動次第で、結果が変わることに気づけた人だけが味わえる境地です。

やっぱり、副業するならカメラマン

人間が抱えるストレスの多くは、「お金」「時間」「場所」からきています。

しかし、カメラマンはこれらの問題から、一挙に解放されることができます。**インスタ映え、SNSが主流の時代、そしてカメラの性能の高さを利用すれば、誰でも簡単にプロカメラマンとしての写真撮影が可能**となります。

例えば、アメリカ合衆国のウーバー・テクノロジーズが運営する、自動車配車ウェブサイトおよび配車アプリUber（ウーバー）もそうですが、お客様とお店がマッチングする時代だと僕は思っています。

AKB48のように、秋葉原に行けばアイドルに会える、今後そういうお店が主流になります。

つまり、**カメラマンも出張撮影の時代**です。

お客様が撮ってほしい場所にカメラを持って会いに行くのです。昔は、スタジオ撮影がベースでしたが、今は神社で七五三、海辺で結婚式といった写真を撮るサービスが増えています。

お客様が撮影したい場所にカメラマンが行くことで、お客様のさらなる満足につながるサービスが展開できるからです。

僕は沖縄が大好きなのですが、「沖縄旅行に行きます！」とFacebookに投稿しただけで、「ぜひ小椋さんに写真を撮ってもらいたいです」という撮影の依頼が4件も入ってきたことがあります。

大好きな沖縄で、大好きな子どもの写真を海辺で「ワー！」「キャー!!」って遊びながら楽しく撮るだけで、お金が増えて帰ってくることができました。

しかも、「また沖縄に来たときは撮影してください」とリピーターにもなってくださったのです。

こんなふうに、カメラマンで副業すると、ストレスなく、好きなことを、好きなだけする暮らしに変わります。

あなたも好きなことをして、生きていきませんか？

ただ、それに**必要なのは、テクニックよりも考え方**になります。

「手段」と「目的」。

この2つの言葉を、混同しないことが大切です。

「手段」と「目的」は対義語であり、対になることを意味します。

ですから、カメラマンになる「手段」を先に考えると、まずはテクニックを磨くことが必要だと多くの人は思いがちです。

逆に、なぜカメラマンになりたいのか、その「目的」を明確にすると、「手段」は無限に出てきます。

「手段」とは、「目的」を達成させるためのツール（カメラ）でしかないのです。

カメラマンとして副業で成功するためには、「手段」にフォーカスするのではなく、自分の「目的」を明確化することから始めましょう。

ちなみに、**「お金を稼ぐ」も「手段」にすぎません。**あくまでも自分の人生は「幸せになるため」に存在し、その手段の1つとしてお金があります。

たまたま興味を持ったのが写真・カメラであり、人生の目的をカメラ・お金にしてしまうと、「依存」してしまいます。「カメラがないと生きられない」となり、うつになってしまう可能性もあります。

カメラは、自分の人生を幸せにするための、単なる1つの「手段」にすぎないんだと位置づけたほうが、この先の話がすーっと入ってくると思います。

副業するなら
カメラマン
CONTENTS

第1章

誰でもお金・時間・場所から自由になれる

第2章

1日2時間だけ！カメラマンの稼ぐ力

第3章 経験ゼロでも、90日で売れっ子カメラマンになれる

第4章 お客様がどんどんやってくる「ぱぴぷぺぽの法則」――集客&売上アップ術

第5章

主婦でも1カ月で120万円稼げた

第6章 稼げるカメラマン、稼げないカメラマン、何が違う？

第7章

「また撮って」と言われるファンづくり——リピーターにする技術

第8章

写真が劇的にうまくなる簡単テクニック

装幀◎河南祐介（FANTAGRAPH）
本文デザイン・図版作成◎二神さやか
出版プロデュース◎吉田浩（天才工場）
編集協力◎潮凪洋介・佐藤文子
ＤＴＰ◎株式会社キャップス

第1章

誰でもお金・時間・場所から自由になれる

1日何回「お金がない」「時間がない」と言っていますか？

皆さんは、「世界三大言い訳」というのをご存じですか？

1つ目「時間がない」。

言いますよね。生涯で何度も口にする言葉だと思います。

2つ目「お金がない」。

こちらのほうがよく言いますよね。ほとんどの人が口にしたことがあるのではないでしょうか。

3つ目「自信がない」。

では、世界的な成功者であるビル・ゲイツさん、孫正義さん、マーク・ザッカーバーグさんが、「時間がない」「お金がない」「自信がない」という3つの言い訳を口にしている姿がイメージできるでしょうか？

成功者は、そんな言い訳を口にしないようにしているのです。

カメラマンも同じです。

「自信がない」というカメラマンに、撮影の依頼をする人がいるでしょうか。

一生に一度の結婚式、お願いするなら、あなたが満足する写真を撮ってくれる、ベテランのカメラマンがいいと思いますよね？

でも、そのカメラマンでさえ、初めてのときがあったのです。

「私、結婚式の写真を撮影するのは初めてなので、うまくいくかどうか……」

こんな言葉をお客様にかけては、不安をあおるだけです。

では、こんな言葉がけならどうでしょうか。

「撮りましょう！　私の全力なりに!!」

きっとお客様も期待を寄せ、

「この人に撮ってもらって良かった」

という結果につながります。

つまり、**お金をいただくということは、自信がある状態にする必要がある**のです。

「時間がない」という言葉に、どれだけ自分の可能性を潰しているか、考えてみましょう。

例えば、余命3カ月と言われたら、あなたは今の仕事を続けますか？

そう宣告されたら、ほとんどの人は、「仕事を辞めて、好きなことだけをして残りの日々を生きる」と回答します。

そんなふうに、余命がわかってから「仕事を辞める」と答える人は、やりたくないことをやっているということ。「時間がない」という言い訳をしながら、自分がそう選択しているのです。

悲しい話ばかりで恐縮ですが、もしもあなたの大切な人が亡くなったら、明日の予定をキャンセルしてでもお葬式に出ませんか？

何が言いたいかというと、**気づかぬうちに、あなたの本当にやりたいことの優先順位が、いつの間にか下がってしまっている**ということです。

学生時代に思い描いていた夢を叶えることが一番だったはずなのに、もう大人だからと、日々のやらなければいけないことに忙殺され、本当にやりたいことの優先順位を下げてしまっただけなのです。

これを「時間がない」「お金がない」「自信がない」という言葉で、大人たちは収めようとしています。

しかし、本来は自分でコントロールすべきことです。

自分がやりたいことを一番上に持っていくだけで、自分がやりたいことで生きる方法が出てきます。

「時間がない」「お金がない」「自信がない」からと、**順位を下げているだけ**だと気づかなければなりません。

例えば、僕の知り合いに、1億円の借金があってもずっと笑っている人がいます。

この人は、「お金がない」とは絶対に言いません。借金は1億円あっても、お金はあるからです。

逆もしかりで、1000万円の宝くじが当たったのに、「お金がない」と言っている人は、いつまで経ってもお金がないのです。

実際にお金はあるのに、**「ある」と捉えるか、「ない」と捉えるかは自分次第**です。

これだけで自分の未来、考え方の束縛から解放されます。

世界三大言い訳の「時間がない」「お金がない」「自信がない」から自由になる考え方を持つことができるのです。

プチワーク

あなたは、世界三大言い訳を言わないようにするために、何を捨て、何を取り入れますか？

「縛られない生き方」をしている人が持っているたった1つの思考

そもそも人間の「恐怖心」というものは、どこにあると思いますか？
あなたの恐怖心とは、何でしょうか？
将来への不安、自信のなさなど、あらゆるものがあるかと思います。
では、その恐怖心はどこに存在するのか、そのありかをご存じですか？
答えは簡単です。
あなたの恐怖心は、あなたの頭の中にしか存在しません。

僕の中には存在しないし、隣にいる人にも存在しません。

あなたの中にしか存在しないものに対して、生涯にわたり揺るがされてしまうなんて、本当にもったいないことです。

成功者と呼ばれる人たちに、恐怖心があると思いますか？

答えは「ＮＯ」です。

成功者の共通点として、「どんな未来もすばらしい」というものがあります。

たとえ恐怖心が芽生えても、自分の中にしか存在しない恐怖心は自分で克服し、コントロールしています。

そう、成功者は、**どんな暗闇でも、その先には明るい未来があることを信じて疑わないのです。**

ですから、笑顔でどんどん前に突き進めるのです。

恐怖心を失くすことで、目の前のお金、時間、場所といった不安は払拭《ふっしょく》されて、「私は大丈夫」と、思えるようになります。

そもそも恐怖心など存在しないもの。

「未来はすばらしい」という、ワクワクするところにフォーカスして生きれば、いつ

の間にか縛られない生き方ができるようになります。

ここまで読んで、読者の皆さんの中には、「成功法則本などでよく書かれていることだ」「そんなこと、知っているよ」と思ったり、軽視している人がいらっしゃるかもしれません。

もしあなたがそうだとしたら、要注意です。本当の意味がわかっていないかもしれません。

というのも、**ここまでの話を軽視しているか否かで、稼げるカメラマンになるか、いつまでも稼げないカメラマンでいるかの大きな分岐点になる**からです。僕が見てきた多くの受講生から見いだした共通点だからです。

できるだけ自分事に置き換えて、ひきつづき読み進めてください。

プチワーク

あなたの人生も必ずすばらしいものです。もし今、すばらしいと思えないのであれば、どうすれば「すばらしい人生」が手に入りますか？

未来にワクワクできない人へのとっておきのアドバイス

もし「ワクワクするのが難しい」「自分は何に向いているのかわからない」「好きなことはあるけれど、ワクワクできない」というときは、**逆にやりたくないことを手放すことが肝要です。**

「毎日、満員電車に揺られるのは嫌だ！」と思っているなら、満員電車に乗らなくてもいい生活を送るためにはどうすればいいかを考えてみてください。

それには、**「決めて断ち切る」**という意味の、「決断」をすることが大切です。

決断すると、自分の人生の方角が1度変わると考えてみてください。

来年になったら、その角度は倍に広がります。

5年、10年経てば、かなり大きな角度になっているでしょう。

決めて断ち切る、決断。

たった1度角度を変えるだけで、10年後には大きな変化を遂げています。

より良い生活を送るためには、何を断つのか、何を捨てるのかを、決めて断ち切ることが必要です。

ワクワクしないこと、やりたくないことを決めて断ち切ることによって、お金、時間、場所に縛られない人生が切り開かれます。


なぜ、カメラの話でこの話をするかというと、**カメラはとてもワクワクして、お金、時間、場所に縛られない生活を送るための、現代における取り入れやすいアイテム**だということに辿り着いたからです。

僕はこれまで、いろいろなビジネスを行なってきました。

その中で、カメラだけがお金、時間、場所に縛られない生き方が成り立ったのです。

カメラを1台持つだけで、とても美しく、透明で、ワクワクした気持ちで世の中の人を幸せにすることができます。
だから僕は、お金、時間、場所に縛られない、カメラマンという職業を広げようと思い立ちました。

プチワーク

あなたの「やりたくないこと」は何ですか？　そのために、何を決めて断ち切りますか？

人生のピンチを救ったのは、たった1台のカメラだった

ここで、僕が今の立場に至るまでの経緯を、自己紹介を兼ねてお話しさせてください。
20代前半の僕は、深夜のテレビ番組に出演したり、地方のショッピングモールでラ

イブをしたり、つまり、もう少しで売れそうと踏ん張っていた、売れないミュージシャンでした。

当時の食費は1日100円。パスタの麺を百円均一ショップで買ってきて、それを7日間に分けて食べているような生活でした。

お墓の前に住んで、心霊現象と一緒に眠るような日々です。

決して演奏力があるバンドではありませんし、音楽だけでは難しい時代だったので、「売れるためにはテレビに出よう！」と思い立ち、テレビにもなかなか出られないなら、「自分たちで番組をつくろう！」と、テレビ番組制作会社をつくりました（千葉テレビ「ファミラブ」）。

もちろん、テレビ番組をつくったことがない僕らは、テレビ局の人たちに1から10までつくり方を教えてもらい、当時まだ盛んだったmixiでスポンサーや技術・制作チームをつくり、実際に番組がスタート！

裏方と演者をしながら、「これでもう売れる！」と確信していた最中……。

放送がまだ残っている段階で、スポンサーに逃げられてしまいました。

今でこそ自分が悪かったとは思いますが、全責任を僕が負うことになりました。

この番組で生計を成り立たせているフリーのカメラマンもいたため、番組は終了。僕の貯金額は0円に。

そして、一度、夢に対する希望を失ってしまいました。

いわゆる廃人となってしまったのです。

「死ぬ」「生きる」「死ぬ」「死ぬ」「死ぬ」「生きる」ぐらいの選択肢で、結果、実家のある大阪で、もう一度人生をリスタートしようと決めました。

これまでに、社会経験なし。就職もしたことのない、世間知らずの貧乏ミュージシャンだった自分。

よし！　ここまでくれば、思いっきり身内に頼ろう！

と、実の兄が問屋業を営んでいたので、「兄ちゃん！　仕事ってのを教えてくれ！何でもする！」と言ったところ、「中国貿易を覚えてくれたら、取引先を紹介できる」と言ってもらい、帰り道に本屋に行って「中国貿易」の本を購入。すぐに中国にも行きました。

ミュージシャン時代も、テレビ番組制作のときも、中国貿易会社のときもそうですが、僕の根幹には、いつもこの言葉があります。

「人がつくったものは誰でもつくれる。だって、人がつくっているのだから」

これは、最初に所属した事務所の社長さんに教えていただいた言葉です。

僕はその言葉を信じて、音楽も、番組制作も、中国貿易にも取り組みました。

結果、中国貿易で成功し、誰もが知っている有名タレントさんの商品や、全国のコンビニ・書店に置いてあるムック本と呼ばれる付録付き雑誌の付録の製造・輸入をしたりして、あっという間に年商7000万円の会社になりました。

ただ、ここで人生最大の挫折を味わいました。

ある日、自宅に帰ると、郵便ポストの中に「東京簡易裁判所よりの通達」がありました。

中身を見ると、会社に対して、このムック本の不良品に対する請求、うん千万円。そして代表取締役社長である小椋翔（私）の判断ミスによるため、代表者にも請求。合わせて、一軒家が建つような請求額だったんです。

それを見た僕は、「人生これで終わったな」と思いましたが、数分後には「終わってもない」と思い直しました。

このうん千万円のお金は、到底支払えません。万が一、僕が自殺したとしても、生命保険が下りるわけでもなく、請求は、連帯保証人である家族の元に行ってしまいます。

僕は「死ぬ」という選択肢すらない立場に立たされていたのです。

音楽番組終了のときは、貯蓄ゼロからリスタートできたので、もう一度立ち直ることができました。

しかし、巨額の借金を抱え、死ぬこともできないのなら、どうすればいいのでしょうか。

浴びるほどお酒を飲んでも、まったく酔えません。

苦肉の策で弁護士に相談したところ、「最初から騙《だま》すつもりでやったんですか？」と聞かれ、「僕は騙すつもりなど毛頭なく、今までも真っ直ぐ生きてきたつもりです。そんなことは決してありません」と答えました。

すると、弁護士は、「それならば、争うしかありません」と、裁判をすることになりました。

争うことが大嫌いな僕が、東京に何度も通い、裁判に対応。結果、うん千万円の請求から300万円の、何とか手の届きそうな金額で決着がついたのです。

そこで気づいたのが、「人生はお金じゃない」ということです。

「自分がやりたいことをやりたいな」という1つの答えに辿り着きました。

ちょうどその頃、僕には第一子が誕生したばかりでした。

この子の成長を収めたいなと思い、初心者向けのカメラ（Canon EOS Kiss X5）を当時、中古で3万円くらいで購入しました。

息子を撮るうちに、「カメラっていいな」「カメラがあれば人をすごく幸せにもできるんだろうな。これでご飯が食べられるなら最高だろうな」

そう思った瞬間、またあの言葉が僕の脳裏によぎります。

「人がつくったものは誰でもつくれる。だって人がつくっているのだから」

カメラ初心者で、何の機材もなく、オートでしか撮影したことのない超ド素人の僕は、すぐに地元に写真館をオープンしました。

そこから今の立場まで上り詰めています（まだ頂上ではありません。まだまだもっと先にワクワクが待っています）。

時間・場所・お金の自由を実現する最強のビジネス、発見！

話を戻します。

僕は時間と場所に縛られない生き方をしたいなと考えたときに、いろいろなことをやってみました。

その中の1つとして飲食店をオープンしたことがあります。このときは、在庫代がかかって仕方がありませんでした。

貿易会社を始めたときも、在庫を抱えていました。

在庫を抱えると、それが売れない限り、利益が入ってきません。常にリスクを抱えながら仕事をしなければいけないビジネスモデルでした。

また、在庫リスクのない、フィットネスクラブを経営したこともあります。

当時、短期間でダイエットが実現する某肉体改造ジムが話題になっていたこともあり、パーソナルトレーニングが大ヒット。僕もダイエット検定1級、2級を取得し、

著者近影

トレーナーとしてマンツーマンのご依頼をたくさんいただきました。

収入面は安定しましたし、「いつでも、どこでもできる」という意味ではやっと満足できる職業に辿り着けたとは思いました。

しかし、ダイエットは、一度成功すると、リピートがありません。逆に、リピーターがいるダイエットジムなど、成功できないと言っているようなものです。

つまり、フィットネスクラブでは、継続的ビジネスモデルにはなりません。

その点、**カメラは、時間も場所も選ばない上、継続的ビジネスが成り立ちます。**

これはあるカメラマンの話ですが、その人は、小型のプリンターを背負いながら、スケートボードとカメラ1台で、世界中を回り生活しています。

カメラが1台あれば生きていける。

まさにその言葉どおりの人生を送っています。

世の中の多くの人たちが、時間、場所、お金に縛られて生きています。そして、そこから生まれるストレスの大きさは、計り知れません。

そんな日々の生活から解放されるためにはどうすればいいのか？

行き着いた答えが、カメラマンになるという決断でした。

プチワーク

あなたはカメラマンになったら、どこで何を撮りたいですか？

自分の人生の支配者になるか、奴隷になるか

世の中の多くの人は、何らかの物事に依存しています。

親、社会、職場、友人、時代、文化、環境と、自分以外のいろいろなところに責任のありかを置いて、逃れようとするのです。

それでは、一生その悩みは払拭されず、ただ目の前のストレスだけを解消させても、また次の悩みがやってくるのです。

このような悩みから解放されるためには、自分の人生の支配者は誰なのかを明確にすべきです。

自分の人生の支配者は、自分であるべきです。ゲームでいうところの、主人公は自分です。

もちろん、それは頭ではわかっているはずです。けれど、**自分でもわかっている“つもり”の人がほとんど**なのです。

誰かに左右されたり、依存したりするのではなく、自らの意志で人生を動かし、自らの足で立ち、支配されるのではなく、自分自身の支配者になりましょう。

支配者と言うと聞こえが悪いので、**自分の人生の“オーナー”**になりましょう。

決して自分の人生の“奴隷”にだけはならないでください。

「今の会社、最悪なんだよ。残業ばかりで全然休みもないし。そのくせ給料は安いんだからやってらんねーよ！」

こんなふうに言っている人は、申し訳ないですが、奴隷の人生を送っています。

誰の意志で、誰が選択して、誰が責任を持ってその会社に入社したのでしょうか。そして、今もその会社に居続ける選択をしているのは誰でしょうか。

「入ったときはいいと思ったんだけれど、入ってみたら違った」

そんな愚痴《ぐち》をこぼしても、その選択をしているのは自分です。

自分の人生は、一度きり。

あなたが自分の意志でどうなりたいのかを明確にし、選択すれば、人生の支配者になれます。

実は経営者は、必ず最初にその考えを持ちます。

「自分が経営するんだ」「オーナーになるんだ」

そんな気持ちで事業を始めているのです。

カメラマンも副業で売上を上げるためには、「オーナーであるべき」という考え方で始めないと失敗します。

「何だよまたクレームかよ。最悪な客だな」

問題が自分にあると気づかずに、お客様に問題のありかを転嫁するようでは、決してうまくいきません。

プチワーク

あなたが今、抱える問題は何ですか？　それを改善するために、何を行ないますか？

人生の〝オーナー〟かどうかの判断基準

皆さんには、成功者になっていただきたいと思っています。

こう言うと、「そうなりたいわけじゃない」と謙遜《けんそん》する方もいますが、**目標を達成して自分の望む人生を送っている人を、成功者と呼びます。**

成功者の家を想像してみてください。

成功者の部屋が、散らかっていると思いますか？

ほとんどの成功者は、成功するために必要な物以外はすべて処分します。不必要な物が成功を妨げることを知っているため、必要な物以外は処分します。

時間の使い方だってそうです。必要だと思う時間だけを取捨選択し、過ごしています。

このように、

「成功者だったらどのように判断するか？」

を基準に考え行動することで、あなたが人生のオーナーになるか、奴隷として過ごすかの判断もしやすくなります。

ぜひこの本を読んで、皆さんが何らかの依存の正体に気づき、自分の意志で人生のオーナーになって生きていっていただきたいと思います。

プチワーク

あなたが依存しているものは何ですか？　その依存を克服するために、何を決めて断ち切りますか？

断言！「誰でもやりたいことしかやらなくても生きていける」

先日、こんな記事がありました。

80歳以上の高齢者の悩みに関するアンケートによると、「若いときに（あのとき）、やっておけば良かった」という後悔が、圧倒的な大差で第1位でした。

僕は、腰痛や入れ歯など、体調の悩みが一番かと想像していたので、とても驚きました。

「あのときに、やっておけば良かった」

80歳を過ぎてそう思うなんて、悲しすぎると思いませんか？

言い換えると、そのアンケートに回答した大半の人が、「あのときにやっていない人」になっているのです。

そう考えたとき、やりたいと思っていることは、今のうちに思い切りやったほうがいいと改めて感じました。

僕は、やりたいことしかやらなくても生きていけると断言できます。

もし、できないと言う人がいるなら、僕に直接連絡をくれれば、ズバッとできない原因が何にあるか、その原因をストレートにお伝えします。

やりたいことをやって生きられることは、確定しているのです。

ただ、そこに自分がつくり上げた〝障害〟という壁があるだけなのです。

自信がない、お金がない、家族がこういう状況だから、今はこうだから……。理由はいくらでもあるかと思います。

でも、違うんです。言い訳を並べても解決しません。

自分がやりたいことをやれるような方法を考えつけばいいだけなのです。

それだけで、望むものは絶対に手に入ってきます。

プチワーク

あなたが本当にやりたいことは何ですか？　そこにある障害は何ですか？　どうすれば、その障害を取り除けますか？

あなたが歩くべきルートは、どうやって決まるのか？——カーナビの法則

やりたいことが見つかっていない人は、まずはやりたくないことから除外していきましょう。

僕は、「やりたいことしかやらない」と決断してから、やりたいことのみで呼吸すると決めました。

もし、やりたくないことが出てきたら、その瞬間にまた決断します。

やりたくないと思うのは、問題点が出てきたのか、やりたくない原因は、他の物事で補えるのか。

そもそも、やりたいためにやらなければいけないことなのか。

例えば、「アフリカで野生動物が見たい」と思ったとします。

アフリカに行くまでに、何時間もかかります。到着してからも、野生動物がいる場所まで、整備されていない荒れた大地を車酔いしながら行くことになるかもしれませ

ん。けれど、アフリカで野生動物が見たいなら、その道のりは我慢するしかないのです。

でも、毎日何の意味もなく、車酔いをしながら見たくもない野生動物を見るなんてことになったら、何もおもしろくないですよね。

自分が何をやりたいのかを明確にすることによって、自分の行くべきルートが決まってきます。

これを僕たちは、「カーナビの原理」と呼んでいます。

カーナビは、住所を明確に設定すると、現地に行くための適したルートを教えてくれます。

けれど、不明確な指示では、目的地まで辿り着けません。

人生も同じで、「いつか写真店を開きたい」という不明確なゴールでは、目的地には到達できません。

「ちょうど1年後に写真店をオープン」という明確なゴールを提示して、初めて目的地までの適したルートが表示されます。

もし、実現できないとすれば、それは自分がつくった言い訳に甘えているだけです。

つまり、カーナビに明確に自分の未来を設定すれば、必ずそこに行くまでのルートが出てきます。

プチワーク

あなたには今、人生の明確な目標がありますか？

1日自分に3回「なぜ？」と聞くと、答えが出る

あなたは1日に、何回自分に「なぜ？」と問いかけていますか？

日々の中では、自分がやりたいことばかりでなく、やりたくないことにも直面します。そのときに、「なぜやりたくないのか？」と自分に問いかけることで、自ずと答えに導かれます。

ただし、自問する際、やりたいことをして生きている人たち、つまり、**成功者なら同じ状況でどう判断するかを基準に決断する**ことが大切です。

そう考えたときに明らかになるのが、成功者と自分との違いです。

僕はこれまで、この違いについてたくさん勉強してきました。

例えば、憧れの芸能人から撮影依頼が来たのに、前々からの大事な先約があった場合、成功者ならどう判断するのだろうか。

お客様の要望どおりにしているのに、なかなか納得のいく写真が撮れないとき、成功者はどう判断し、決断するのか、そんなふうに考えます。

実際、成功者と呼ばれる孫正義さんや、ビル・ゲイツさんにお会いしたことはないので正解はわかりませんが、「なぜ?」と何回も自分に問いかけ、考えることが、成功に導かれる最短ルートになります。

なぜ、これをやらなければいけないのか。

なぜ、今これに取り組んでいるのか。

なぜ、ほしいものが手に入らないのか。

この答えは、すべて自分の中にあると考えると、自ずと回答が出てきます。

カメラマンで成功するためにも、1日に何回も「なぜ?」と問いかけ、答えを出す作業を繰り返すことが肝要です。

なぜ、もっといい写真が撮れないんだろう。
なぜ、もっともっと自分が納得する写真が撮れないんだろう。
なぜ、手元にほしい機材がないのだろう。
すべての解決策は、あなた自身の中にあるのです。

プチワーク

あなたはなぜ副業したいのですか？

さまざまな副業がある中で、なぜカメラマンがおすすめなのか？

誰にでも瞬間的に幸せを感じることは、たくさんあるかと思います。
しかし、人間とは悲しい生き物で、時間とともにその幸せを忘れてしまうのです。
けれども、カメラマンは、**シャッターを押すだけで、「幸せ」という形のない感情**

を、形にできてしまうのです。

一生残る一瞬を提供できる職業が、他にありますか？

僕は、カメラマンは魔法を使える職業だなと感じています。

まだ、僕が写真館を始めたばかりの頃、おばあちゃんがお店にやってきて、財布の中からプリクラサイズの小さな写真を差し出しました。

「この写真を大きくできますか？」と問われた僕は、「できますよ」と答えました。

再びおばあちゃんから、「この写真をきれいにすることもできますか？」と尋ねられたので、補修ならできると思った僕は、「できますよ」と伝え、さっそく作業に取り掛かりました。

15分ほどで作業は終了し、外出したおばあちゃんもお店に戻ってきました。

僕は、A3サイズにした写真を、おばあちゃんに手渡しました。

すると、写真を見るなりおばあちゃんはその場で声を出して泣き崩れたのです。泣きながら、「やっと会えた」と何度も口にするおばあちゃんの背中をさする僕に、写真に写るのはお孫さんで、突然の交通事故で亡くなってしまったと打ち明けてくれたのです。

また、おばあちゃんが涙を流していたのは、写真が大きく、きれいになったことが理由なだけではありませんでした。

ずっと財布に入れていたため、写真が劣化してしまったこと、そして老化が進み、目が悪くなってしまったため、これまでの小さなサイズではいずれ孫の顔も見られなくなり、忘れてしまうのではないかという不安から解消された喜びの涙でもあったのです。

当時はまだ、写真を撮る以外にもこのようなサービスができるとは思っていなかったため、「15分しかかからないし、おばあちゃんも深刻そうだから料金は３００円でいっか！」と安易に低価格で引き受けた依頼でした。

そんな僕の当初の思惑などお構いなしに、おばあちゃんは写真を大事そうに抱えて、「本当にありがとうね」と何度もお礼を言い、３００円を手渡してくれたのです。

そのとき、おばあちゃんから受け取った３００円の重みは、一生忘れられません。

人の感情も目に見える形に残すことができるカメラマンという職業を、僕は誇りに思っています。

そんなすばらしい職業を副業にできることは、とても幸せだと僕は思います。

カメラマンになって良かった7つのこと

ここで、カメラマンになって良かった7つのことを挙げます。
今までお伝えしてきた「時間」「場所」「お金」に縛られないというもの以外です。

①旅行に行ける

カメラさえ持っていれば、いつでもどこでも仕事ができるため、好きなときに旅行に行けます。それまでは家と事務所（会社）の往復でしたが、カメラをメインにしてからは、日本全国、海外にもたくさん行けています。

②子どもたちと触れられる

僕自身、保育士になりたかったくらい子どもが大好きです。撮影の対象も子どもが多いので、子どもたちと遊びながら仕事ができて、自分がとても透明な気持ちでいられることを感じます。何より、無邪気で透明な子どもたちの笑顔を残すことができて、すごく幸せです。

③自分の子どもたちが保育所で自慢してくれる

僕には3人の子どもがいます。以前、通わせている保育所にカメラで携わって以来、保育所に行くたびに子どもたちが「カメラマンが来た！」と言ってくれます。それを見た我が子たちは、「いいだろう、うちのパパはカメラマンだぞ！」と自慢気に言い、とてもうれしいです。

④ストレスなく仕事ができる

好きなことを仕事にしているので、ストレスを感じることなく、自分がしたいだけ、やりたいだけ仕事ができるのがカメラマンです。

⑤大切な記念日に携われる

お客様が写真を依頼したいとき、それは大半が記念日です。その大切な日にカメラマンとして立ち合えることを、僕は幸せに感じます。

カメラマンになって良かった７つのこと

①旅行に行ける

②子どもたちと触れられる

③自分の子どもたちが
保育所で自慢してくれる

④ストレスなく仕事ができる

⑥大切な命の続きに触れられる

⑤大切な記念日に携われる

⑦形を残すことができる

例えば結婚式。これまで何百回と撮影に入りましたが、ほぼ毎回涙が流れます。人の一生に残る1日を撮影している中で、手紙のシーンや友人、ご家族との心温まるエピソードなど、カメラのレンズを通してでしか見えない世界がそこには存在します。毎回、涙を流してしまいますが、「今日も素敵な日に立ち合えたな」と清々しい気持ちで会場を後にします。

⑥大切な命の続きに触れられる

誕生して1歳になるまでは、イベント続きです。

お腹の中にいるときは、ご両親とのマタニティフォトを。誕生してすぐの時期は、ニューボーンフォトを。それからお宮参り、お食い初め、誕生から半年後のハーフバースデイフォトを。そして、1歳の誕生日。

赤ちゃんの専属カメラマンとなり、イベントのたびに呼んでいただけると、まるで親族になったような気持ちで携われます。

会うたびに、「もうこんなに大きくなったのか」「こんなこともできるようになったのに」「赤ちゃんのときはこうだったよ」など、いろいろな思いが駆け巡り感動します。

お腹にいるときから撮り続けたその子が、結婚する姿まで撮影できたらいいなと願っています。もちろん結婚式では、僕が撮った写真が流れたら最高だなって考えちゃいますよね。

⑦形を残すことができる

人はいつ死ぬかわかりません。

僕も、いつ死ぬかわからないです。だから、もし僕がいなくなっても、我が子に父ちゃんの若いときの姿や、こんなところへ行ったよ、こんなことがあったよということを、写真にして残せたらいいと思っています。

その写真に、子どもたちの笑顔がたくさんあれば、「自分はいつも愛されていたんだな」「小さい頃の僕は、いつも笑っていたんだな」と思ってもらえたらいいんです。

写真を見て、過去の自分に勇気づけられることがあるように、カメラマンは過去の自分をプラスにできる魔法の仕事だなと思います。

もしも会社を辞めずに、年収1000万円稼げたら

一度想像してみてください。

もしも会社を辞めずに年収を1000万円稼げたら、あなたはどういった暮らしに変えていきますか？

どういった毎日を過ごすでしょうか。

カメラ一本でやっていくことも、僕は難しくないと考えています。

しかし、これだけ時代の流れが速い中で、10年後も安定しているか、不安になる人もいるかと思います。

そんな中、カメラマンは副業でできると僕は考えています。

会社を辞めずともできる職業ですから、今の給料プラス副業収入で、年収1000万円にすることも可能です。

自分1人ですべての撮影に行けば、休みもなく働く羽目になりますが、僕の卒業生

たちは、お互いに仕事を振り合うことによって、自分の時間を使わずとも売上を上げることに成功しています（その際は、だいたい売上の半分をお渡ししています）。

例えば、子どもがいる主婦の方なら、土日は別のカメラマンに行ってもらい、平日の行ける案件だけ自分で撮影をしに行きます。

逆に、平日は本業があるという方は、集客だけして、撮影に行ける人をアテンドするだけで、現場に行かなくても収入が得られるのです。

つまり、集客が得意な人が撮影依頼を集めて、撮影が得意な人が撮影に回れば、双方の利益につながります。

そのため、カメラマンは今後、カメラマン同士でつながっておくことをおすすめしています。

そうすれば、情報交換、機材の貸し借り、急なピンチヒッターなど、それぞれの都合に合わせながらも助け合い、毎日売上を上げることが可能になるのです。

「時間がない」「技術がない」「ＳＮＳは苦手」。

そんなことを言っている人も、自分が得意な分野を活かすことで、みんなが売上を上げられる。

それが副業カメラマンであり、結果、会社を辞めずとも年収1000万円を稼ぐことを可能にする手段となります。

プチワーク

どうすれば、副業カメラマンで年収1000万円になれますか?

第2章

1日2時間だけ!
カメラマンの稼ぐ力

自分の可能性をとことん信じる

これから副業カメラマンとして成功するためにも、たった1つのことを強く信じてほしいと思います。

それは、自分の可能性です。

僕を信じてほしいのではありません。成功しているカメラマンを信じることより、もっと大切なこと、それは自分の可能性を最後まで信じ切ることです。自分を信じ切れなくなったらおしまいです。

あなたはまだ、自分の可能性を制御していることに気づいていないのです。**想像もし得ない可能性を、誰もが秘めています**。それを解放した者が、望むものを手に入れるのです。

僕はそう考えることによって、たった1年でカメラマンとして1億円売り上げました。信じ切ったのは、自分の可能性です。

それをあなたも可能にしたいのであれば、やってみてください。

この本を、ただただ読むだけではなく、気持ちを乗せてイメージし、**「自分が副業カメラマンになっていくんだ！」という気持ちで参加する**ことが大切です。

そうすることによって、カメラマンとして成功していくことが実現するでしょう。

自分の可能性をとことん信じる。ぜひ今日から実践しましょう。

そして、もう1つ。

目的を持って始める前に、成功者がまず行なうのが、**「覚悟をして何を捨てるのか」**です。

目的が明確であればあるほど、何を捨てるかも明確になります。

誰しも自分の価値観があり、それを信じて生きているわけですが、その価値観がゆえの悩みが生じていることに気づいていません。その価値観だから、不安や悩みが生じてしまっているのです。

ですから、その価値観を一度手放さない限り、今のあなたの悩みを解決することは難しいでしょう。

もし今、お金に悩んでいるなら、今のあなたのお金の考え方は一度捨てて、新しい考え方を取り入れましょう。

カメラだってそう、時間や人間関係にしても、同じことが言えます。

自分の中の、**今までのある価値観を手放すことによって、そこで新しい価値観を手に入れることができます。**

だからこそ覚悟して、自分の大切なものを捨てる決断をしましょう。

第1章でもお伝えしましたが、決断とは、「決めて断ち切る」と書きます。あなたが何かを断ち切ることによって、新たな価値観を手に入れることができるでしょう。

プチワーク

あなたがまだ信じていない自分の可能性は何ですか？　そして、それを信じるためには、どうすればいいですか？

理想のカメラマンになるために、あなたは何を断ち切るか？

もしあなたが「カメラマンとして絶対に成功するぞ！」というイメージを持つならば、まずは弱い自分を断ち切る必要があります。

もっと具体的に言うと、毎日無駄に時間を浪費していたゲームをやめる。ネットサーフィンやSNSを見ていた時間を減らす。

その断ち切ったことによって、1日の中に時間が生まれます。

その時間に、毎日SNSで営業の投稿をしてみる。毎日マーケティングについて勉強してみるなど、自分が理想のカメラマンになるためには、まずは何を断ち切るのかを決断し、「もうこんな自分には戻らない！」という強い意志を持つことが大事です。

例えば、お酒やタバコが大好きな人、それが悪いとは言いませんが、もしそれが自分の理想を遠ざけている原因だと思うなら、それを断ち切る必要があります。

人によっては、ものすごい覚悟を要するでしょう。

でも、それを断ち切ることで、理想に一歩近づきます。

僕もこれまで、数々のことを断ち切ってきました。

中でも、オープンに数千万かけたフィットネスクラブを無償譲渡したことは、とても大きな決断でした。

従業員を30人以上抱え、自分もインストラクターとして携わり、何かトラブルなどがあれば代表である自分が出ていく。

週5で働いているつもりでも、実際は週7で追われていた感覚がありました。

我が子のように手塩にかけ、会員数を伸ばし、大きくしてきたフィットネスクラブでしたが、それを手放すことによって、それまで以上に、今後の僕自身の可能性は高まり、お金、時間、場所からの拘束を取っ払うという意味でも価値があることだと判断したため、すべてを店長に無償で譲渡しました。

実際、以前よりも売上を上げることが可能になりましたし、フィットネスクラブを譲渡したその翌月から、ずっとしたかった毎月の家族旅行が可能になりました。

理想のカメラマンになるために、あなたは何を断ち切りますか？

その際、「もうこんな自分には戻りたくない」と、強い意志を持つことです。

「TTPの法則」で徹底的にパクるプロになる

ビジネスの世界では、「モデリング」「ミラーリング」といった、成功者を真似ることによってその成功を手に入れるという考え方があります。

もちろんこれは、カメラの世界でも言えることです。

実際、僕は世界No1になったカメラマンに会いに行って、どのように写真を撮っているのか、いろいろ聞いて学びました。

そして、学んだとおり、自分もまったく同じように撮影したところ、自分が撮りたい写真が本当に撮れるようになりました。

造語である「TTP」は「徹底的にパクる」ですが、僕はこれにPを加えて、「TTPP」を推奨しています。

「TTPP」＝徹底的にパクるプロ

中途半端にパクるのではなく、徹底的にパクるプロになれば、それはもう、あなた自身の作品になりうるのです。

自動車の免許を取得するには、車の仕組みや交通ルールを学ぶ学科と、実際に車を扱う実技の講習など、長い時間をかけていろいろなことを学ぶ必要があります。

しかし、カメラは、車のようにスイッチがたくさんあるわけでも、機能が多いわけ

でもありません。それほど、難しい操作があるわけではないのです。

プロの人と同じ写真が撮りたければ、同じ構図で、同じ設定で撮れば、だいたい同じ写真が撮れます。

機材も高額なものはありますが、ある一定のレベルを超えると、出来上がりにそこまで大きな変化はありません。プロ中のプロに提出するための写真を撮るなら、ハイレベルな機材が必要になるかもしれませんが、結局のところ、**カメラマンとして売上を上げるためには、消費者に喜んでもらえればいい**のです。

お客様は一般の方がほとんどです。

ですから、一般の方にいかに満足しても

らえるか、感動してもらえるかがポイントになります。

そうした場合に、高額なカメラやレンズが必要かと言えば、そうではありません。

僕の場合、**カメラやレンズ、あらゆるものを加えても、2万円前後で集まる機材で問題ない**と生徒にはお伝えしています。

ですからあなたも、ＴＴＰＰ＝徹底的にパクるプロになっていきましょう！

ここまで自分を解放すれば、集客方法に悩むこともありませんし、どんな時代にも合わせられる成功者になっていきます。

そしてあなたは、どんな時代でも売上を上げられる、副業カメラマンになっていくのです。

プチワーク

あなたが「ＴＴＰＰしたい」と思えるものは何ですか？

売れっ子カメラマンの1日のタイムスケジュール

朝、目覚ましはかけません。

好きなだけ寝て、好きな時間に起きて、子どもが保育園に行く準備をしたり、送迎したりした後は、自宅で本を読んだり、運動をしたり、家族旅行の計画を立てたりしています。

時には、健康とは何かについて考えたりもしています。

僕は、自分から営業をかけません。

これを、**「ダイレクト・レスポンス・マーケティング（DRM:Direct Response Marketing）」**と言うのですが、相手から依頼が来て、自分が行きたいと思った案件だけ対応し、受けるというスタイルを保持しています。

ビジネスで失敗する人の多くが、自分から営業をかけ、受注することに必死になり、空回りした結果、依頼すらもらえないというパターンに陥りがちです。

ですから僕は、**お客様ではなく、こちら側に選ぶ権利がある**という体制を常に整えているのです。

現在、**1件100万円**で撮影依頼を受けていますが、それ以外の案件については、**別のカメラマンに振って、振った利益の半額をいただく**という形を取っています。

僕自身は何も作業をすることなく、お客様とカメラマンをつなぐだけで利益を得ているのです。

ですから、仕事以外で自分がカメラを持つ瞬間は、作品を撮るよう意識して撮影しています。

「普通にいいな」という写真ではなく、圧倒的に誰もがいいなと思うような写真を撮ることに集中します。

例えば、台風の日に、滝のように叩き落ちる雨の水の動きを収めたり、雷で光る空を命がけで撮影したり（※危険ですので真似しないでください）、**写真を撮ることに徹底的に労力を注ぐ**ことによって、その写真を見た人から、また依頼が来るという仕組みづくりをしています。

そのように、自分から営業をするというスタイルではなく、相手から依頼がくるためにはどうすればいいのかを常に考えて行動しています。

なぜなら、自分が営業できる範囲と言うと、1日10～100人が限界でしょう。しかし、向こうからくるという体制を整えておけば、世界中の人たちがターゲットになります。

「お客様が依頼したくなる」

そんな体制を整えながら、日々を送っています。

プチワーク

お客様があなたに依頼したくて仕方なくさせるために、あなたは何をしますか？

稼ぐカメラマンの時給は、最低1時間5万円

カメラマンが収入を上げるために増やすべきところは、**撮影件数**、もしくは**自分の単価**です。

すなわち、依頼をたくさん受け、稼働を増やし収入を上げるか、自分の写真の価値を高め、1本の撮影単価を上げるかしか、収益を増やす方法はありません。

ただ、ありがたいことに、結婚式や結婚式の前撮りといったカメラマンの撮影は高額なものというイメージが世間的について回っているため、結婚式で集客を行なえば、1時間あたり5万円の時給を発生させることが可能です。

結婚式当日の撮影の相場は、だいたい10～20万円です。アルバムの作成も、ほぼ同額。高いところでは、50万円かかる場合もあります。それに加え、衣装代やメイク代といったオプションをつけることで、より高額な案件にすることもできます。

高額といっても、お客様は結婚式場に頼むよりもクオリティはもちろん、満足度の高い写真を提供されることになるため、決して多く搾取されているとは感じません。

中には、「こんなにも出来上がりがすばらしく、想像以上のサービスを提供してもらい、この価格で良いのですか？」と言うお客様もいるほどです。

また、僕は、**人間の中で一番高価なものは「時間」**と考えています。

お金や資産、友達は増やすことはできますが、時間だけは増やせません。この世の中で有限なものは、命と時間です。

そのため、仕事をする上でも時間が一番価値のあるものだと考えることによって、自分の単価を上げるべきという結論に辿り着きました。

そして、実際にそれを実行していた著名なカメラマンをＴＴＰして、僕自身、１件１００万円という単価で撮影を行なっています。

プチワーク

お客様に1時間5万円いただくために、あなたならどんなサービス内容にしますか？

値段交渉のときにわかる「自分軸」

他人に誘導されることを、「他人軸」と呼びます。

例えば、あなたはカレーライスが食べたいと思い、今からデパートの食品売場に行って、カレーライスを購入しようとします。しかし、カレーライス売場に行く前に、半額のおいしそうなお寿司が目に留まります。カレーライスを食べたいと思っていたあなたですが、おいしそうな見た目と、半額というお得感につられて、「やっぱりお寿司にしよう」とお寿司を手に取り購入します。

これが俗に言う、他人軸です。

他者に影響を受けて、自分が本来望んでいることが変わってしまっている。とても危険な状態です。

他人軸のままでは、本来、自分が望んでいることを実現できません。ですから、「自分軸」を持ち、生きることが大切です。

自分をいかにしっかり持つかによって、他人に影響されなくなります。

他人に影響されずに自分の人生の目的に向かうことができれば、他人に何を言われようが、無痛です。

他人軸に影響されなくなると、スーパーで値段を気にせず買い物ができるようになります。

逆に言うと、値段を気にして買い物をしているうちは、「他人軸に影響されている」と思ったほうがいいでしょう。

では、値段を気にせず買い物をするためには、どのようなカメラマンになればいいのか。それは、自分軸を持ち、スーパーで値段を気にせずに買い物ができるカメラマンをゴールとした場合から逆算して考えてみるとわかります。

なぜなら、それをすることにより、あなたの弱い部分が浮き彫りになるからです。

例えば、ビジネスをしていると、**お客様による値段交渉**という出来事が必ず起こります。

「このプランの、この部分をカットしてもいいので、もっと安くしてください」

「オプションを3つつけるので、アルバムをサービスしてください」

など、お客様から要望を受けることがあります。

中には、カメラマンにとっても好条件な提案をしてくださるお客様もいらっしゃいます。

しかし、そこで自分のスタイルを変えたり、意見を変えてしまったりすることによって、これまでのお客様にも、これからのお客様にも失礼になるということを忘れないでください。

値段交渉をされても自分軸を持ち、ブレることなくあなたが決めた金額をお客様に

提示することが大切です。

同時に、**お客様にとってお金以外の部分で利益を得るような提案ができるようになる**ことが必要です。

初めてビジネスをする人にありがちなのが、「何でもやります！」という営業スタイルです。

「何でもやります！」では、自分の価値を下げるだけでなく、相手にいいように利用されて、忙しくなるだけになって、たいした儲けにはならないという悪循環を招きます。

自分という価値を高めながら、他人に影響されることなく、それでいてお客様もしっかり見つめて満足させることができるカメラマンを目指すことが、結果、スーパーで値段を気にせずに買い物ができる人になる近道です。

プチワーク

あなたが他人軸に誘導されるときは、どんなときですか？

成功者はつくられる

カメラマン養成所の卒業生の中には、月120万円、自分が動かなくても利益を出した生徒がいます。

小さな子どもを抱えていたその子は、自分は動かず人を動かすことを考え、仕事を振るテンプレートをつくり、他のカメラマンに徹底して仕事を振った結果、売上は伸びていき、カメラマンもお客様も自分にとっても良い結果をもたらし、Allwinを実現させました。

他にも、カメラ歴0日だった子が、カメラマン養成所を卒業してからたった数カ月で、二度連続フォトコンテストで受賞しました。その子は、最初からいい写真にフォーカスし、幻想的な写真を撮ることに徹していました。

この他にも、カメラマン養成所の卒業生にはいろいろなチャレンジや偉業を成した卒業生がいるのですが、すごいなと思う反面、僕には「やっぱり」と納得する部分があります。

というのも、僕自身、「成功者はつくられる」という言葉と出会い、意識が変化したように、カメラマン養成所でも、「成功者はつくられる」のです。

だから、成功者を徹底的にパクろう（ＴＴＰＰの法則）と何度もお話ししていたからです。

成功者も、生まれつき天才だったわけではありません。成功者も同じ人間です。

例えば、フォトコンテストで優勝するような人だって、同じ人間であり、同じ機材を使い、写真にその人の考えを乗せているだけ……。何ら違いはないのです。

「自分には無理」「どうせ私なんて」と考えるのではなく、「成功者はつくられているんだ」と考えることで、人は気持ちが軽くなり、成功者の領域に一歩、足を踏み入れることができ、時間、お金、場所の悩みから解放されるのです。

プチワーク

あなたと圧倒的な成功者との違いは何ですか？

大きな目標を達成するためのテクニック

もし、あなたが今の会社を辞め、3カ月間でカメラマンのみで生きていきたいという目標を立てたなら、最初の目標額は、今の会社の給料よりも売上を上げることから始めるかと思います。

では、その目標を達成するためにはどのようにすればいいのか。

僕はいつも、「ダウンサイジング」という手法を使います。

わかりやすく説明するために、3カ月で12kgのダイエットを望む人を例に挙げてみます。

僕自身、フィットネスクラブを経営していましたし、ダイエット検定1級、2級を取得し、これまでもたくさんの人のダイエットに成功してきました。

とはいえ、いきなり12kgの減量は難しいですし、「そんなの無理！」とすぐに制御がかかってしまいます。

ですからまずは、1カ月あたり、何キロやせればいいか計算してみましょう。

3カ月で12kgですから、1カ月につき、4kgやせる必要があります。

では、1週間ではどうでしょうか。

1カ月につき4kgの減量ですから、1週間で1kg落とせばOKです。

さらに細分化し、1日では、何kgやせればいいのでしょうか。

そうすると、1日あたり約143gの減量が必要となります。

1日143gなら、何とかなりそうな気がしますよね？

毎日143g減量するための方法を考えればいいのです。

ですから、毎日体重計に乗って、その日143g落ちていなければ、あなたのスケジュールの何かが間違っていることになります。

その日のあなたは、きちんと143g落ちる食生活や運動を行なっていたのでしょうか。

毎日、毎日143g落とすことを目標にし、実際に落とすことで、結果3カ月12kgの減量に成功するのです。

人間の構造上、一気に3kg落ちることはありません。

このように、**どうすれば自分の大きな目標を達成できるかを細分化する**ことによって、あなたの今日のスケジュール、明日のスケジュールが確定します。

いつまでも大きな目標を口だけで言っていても、その目標を達成することはできません。

大きな目標を達成させるために、あなたは今日何をするか、それを自分がイメージできる行動でしていくことが不可欠です。

この手法をカメラマンに置き換えると、例えばあなたがカメラマンとして毎月10０万円を売り上げたいなら、毎日3万円の売上を上げる必要が出てきますね？

でも、休みもなく、毎日3万円を売り上げるのは、かなりハードです。

では、どうするのか？

自分が経営者＝オーナーという考えを持つことで、仕事を人に振ったり、より大きな案件を持ってきたりすることで、仲介料をいただいたりするといったフォーカスができるようになります。

このように、人生は「目的」にフォーカスすることで、その意識と行動は変わっていきます。

プチワーク

あなたの3カ月間の目標を書き、それを1日の作業にダウンサイジングしてください。

月売上いくらのカメラマンになりたいかを明確にする

カーナビで住所を入力すると、そこまでの適したルートが表示されます。

先にもお伝えしたとおり、これは人生においても同じです。

しかし、ほとんどの人が、自分の未来のカーナビを明確に設定していません。

例えば、カーナビで大阪府のどこかと入力すれば、カーナビは大雑把《おおざっぱ》にしか作動してくれません。目的地がわからないため適したルートを出せないのです。

つまり、カメラマンも、まずは**どういうカメラマンになりたいのかを明確にすること**で、適したルートが出てきます。

この「明確」さが重要となります。

◉月売上100万円のカメラマンの場合

まずは100万円売り上げるカメラマンに設定した場合、100万円売り上げるカメラマンになるための適したルートが出てきます。

例えば、1件あたり2万円の基本料金で撮影依頼を受ければ、50件で100万円になります。1件、3万円にすれば33件の案件で、100万円に近づきます。もしくは依頼を増やすことによって、別のカメラマンを手配すれば、案件を減らしても100万円に到達する可能性が出てきます。

1件あたり50万円の案件であれば、たった2件で100万円に到達するでしょう。

◉月売上1000万円のカメラマンの場合

では、1000万円売り上げるカメラマンはどうでしょうか。

月に1000万円、年収にすると1億円稼ぐためには、1件あたり2万円では500件の撮影をしなければなりません。1カ月は30日しかありませんから、1日10～20

件の撮影をするとなると、1人の人間では不可能です。

そのため、複数のカメラマンを見つけるか、そもそも高額な案件にするか、1件の案件からオプションで売り上げていくのか、それらすべてをカーナビから設定することによって、実際に行なう適したルートが変わってきます。

◉年収1億円のカメラマンの場合

僕は年収1億円のゴールにカーナビを設定しました。

1件10万円の案件では到達しないため、撮影は自分で行くという考えは捨てて、人に行っていただくという方法を取りました。

自分をオーナーと捉えて、再び1億円に到達するにはどうしたらいいのかを考えました。

そして、僕はTTPPの法則に基づき、1億円売り上げているたくさんの人たちに会いに行き、どのような方法で1億円を手にしたのかを聞いて回りました。

それから、TTPPを実行し、1年で目標額に到達したのです。

このカーナビの法則は、どの人生においても使える法則です。

「カーナビの原理」を使って、あなたの目標を明確にする

①3カ月後の目標

②1年後の目標

③3年後の目標

④理想の生涯

⑤あなたは、どんなカメラマンになりたいですか？

カメラマンで1億円売り上げた方法
――可能性思考

僕自身の経験をお話しすると、現役のカメラマンとして、まずは地元で写真館をオープンし、少しずつ売上を上げていきました。

数カ月で、200万円売り上げることができました。

それを数カ月続けると、朝から晩まで撮影撮影で、身も心もボロボロ。撮影が楽しいのか、楽しくないのかさえもわからないくらいな心理状態でした。

そのときに思ったのが、仕事を振っていけばいいんだということです。

さっそく僕は**カメラマン仲間を増やし、募集し、育成**に励みました。

それでも依頼が増え続けたため、もっと簡易的にプロカメラマンを増やせないかと考えた僕は、**カメラど素人の人でもプロカメラマンになれるノウハウをつくり上げ、カメラ歴0日の従業員を雇い入れ、教えた**のです。

すると、数カ月も経たないうちにブライダルカメラマンなど、全員がプロカメラマンと言えるレベルまで達しました。

そこで次に、この**ノウハウを世間一般の人にも提供すれば売れる**のではないかと思い、カメラマン養成所を設立。1年間で1億円以上売り上げる養成所になりました。

このとき、どのようにして1億円まで売上を伸ばすことができたかというと、**「可能性思考」**という考え方を持っていたからです。

もし今、あなたが10億円手に入れたいとします。

では、あなたは今の暮らしで、10億円が手に入る可能性が1%でもある行動をしているでしょうか。

宝くじを買ったり、株を買ったり、何らかの投資運用を行なっている人は、1%でも可能性があるかもしれません。

しかし、ほとんどの人は「10億円を手に入れたい」という願望を持っているだけで、手に入れるための行動は1%も行なっていないのです。

それでは、絶対に10億円は手に入らないでしょう。

1%でも可能性を手に入れるためには、**10億円を売り上げるためのビジネスモデルを考えなければなりません。**

10億円達成するんだというビジネスモデルを考えることで、実際1桁可能性が増える形になっていきます。

普段から**10億円にフォーカスしている人と、10万円や20万円にフォーカスしている人では、そもそもフォーカスが違います。**

このフォーカスこそ、ビジネスをする上で一番大事になってくるのです。

ビル・ゲイツなどの成功者も、一番大切なのはフォーカスだと答えています。

フォーカス、つまり、**どこを見るのか、どこに焦点を当てるかが非常に大事**なのです。

「自分は月々20万円稼げるカメラマンになれたら生涯それでいい」

そういうアイデンティティを入れてしまえば、20万円止まりの人生になってしまいます。

しかし、20万円を達成したらしたで、次なる悩みや問題が生じます。

例えば、税金の支払いや周囲の目、次の機材がほしいという欲求や、自分よりも若くて優秀なライバルカメラマンの出現など、さまざまな問題が生じるでしょう。

そこで、**「生涯において悩みをなくすためにはどうすればいいのか」にフォーカス**

を変えることによって、より大きな結果をもたらすことが可能になります。

プチワーク

あなたは1億円を手に入れるために、どんな可能性のある行動を起こしてみますか？

「この人に依頼したい」と思わせるプロフィールのつくり方

現代はＳＮＳでの集客がメインです。副業カメラマンも例に漏れません。
したがって、どこがポイントになるのかを知っておく必要があります。
お客様が見るポイントは、以下４つです。

①プロフィール・アカウント写真

一番の理想は、カメラを持った笑顔の顔写真です。どうしても顔出しNGという場合は後ろ姿でもいいですが、安心感を与える写真でなければなりません。

お客様の立場になって考えればわかることですが、お客様は依頼するカメラマンの顔が見たいと思っていますし、信頼できる相手かどうかを確認しようとします。

トップ画像であれば大きく表示されますが、コメント欄などはアイコンが小さく表示されるため、そのサイズでもカメラと笑顔が印象に残り、素敵な人だなと感じられるような写真が理想です。

アイコンで好感を抱くだけで、依頼は入りやすくなります。

②プロフィール文章

自分目線ではなく、相手目線になるだけで書き方は変わってきます。

どのような文章ならお客様が依頼しやすくなるか。

自分で一生懸命考えて文章をこねくり回すよりも、ＴＴＰＰの法則に基づき、プロフィールのうまいカメラマンやマーケティングやビジネスに長けている人の文章を真似て、それを自分なりの言葉に置き換えるだけで簡単につくれます。

③投稿は信頼性を重視

例えば、ラーメンを食べておいしかったという投稿ではなく、このラーメンはこの角度からこうやって写真を撮ることで、その湯気からおいしさを伝えるなど、いかに1杯のラーメンのおいしさを追求し、表現できるか。

カメラマンとしての心意気やその写真から、感受性にかかわることを投稿することで、「あ、こんな人に写真撮ってもらいたいな」とお客様は感じます。

普段の生活の何気ない投稿も、相手にいかに信頼してもらえるかを意識して投稿すれば、確実に依頼は増えていきます。

④レビューの利用

Facebookのコメント機能やSNSのレビュー欄は、口コミと一緒です。特に新規のお客様にとっては、評価の対象にもなるものです。

また、撮影したお客様がどのような感想を持ったかを知ることは、後学のためにもなるでしょう。SNS上では一般の人の意見が重視される時代ですから、できるだけ多くのコメントやレビューをもらう努力が肝要です。

例えば、レビューを書いてもらったら1000円引きなど、そういったキャンペーンを行なう手法も有効です。

以上4点を、消費者目線で更新することで依頼は一気に増えます。ここを徹底的にやっている人が、巨額の売上を上げる人になっていきます。

これだけ僕が口を酸っぱく言っても、実際「この人のプロフィールいいな」と感じる人は正直、ごくわずかです。

自分の価値観にとらわれ、「自分はこっちのほうがカッコイイから」といった主観が譲れなかったり、プライドが捨てられなかったりする人がほとんどです。そういう人ほど、ぜひその効果を実感していただきたいです。

プチワーク

プロフィールの写真を変えましたか？　もしくは、いつまでにお客様目線のプロフィールに変えますか？

1日5分脳がちぎれるぐらい稼げる方法を考える——脱フレームワーク思考法

僕はこれまで、「手ぶらで来てください七五三キャンペーン」や「ワンコイン（500円）キャンペーン」といった、それまでの写真業界ではあり得ないキャンペーンを多数実施してきました。

しかもそのすべてが、爆発的な大ヒットにつながりました。

そのような思いつきのために毎日行なっているのが、1日5分脳がちぎれるぐらいサービスやキャンペーンを考えることです。

実際に、僕の尊敬するソフトバンクの孫正義さんが行なっていた方法です。

1日の5分と言えば、1日の1％にも満たない時間です。その時間を集中することで、すごくいい結果をもたらす場合が多かったりします。

今までと違う答えを見つけたり、1時間ダラダラと誰かと話したりするよりも、すごく良い結果をもたらすことがあります。

僕の場合は、お風呂の中で、その5分間を設けます。

お風呂は、あらゆる刺激がシャットアウトされ、リラックスできる時間です。そのときに5分間集中して、「今どんな結末を思い描いて、何を生み出すと一番効率が良くて、自分の時間とお金をできる限り使わずに、お客様にとってより満足度の高いサービスは何か」を考えることによって、ものすごく良いアイデアがひらめいたりします。

これを毎日5分間行なうことで、そのほとんどが駄作でも、習慣化することで、良いアイデアが生まれるような考え方になっていきます。

これを、「脱フレームワーク思考」と言い、**自分の枠から外れて、いろいろな角度から考えることによって、とんでもない結果をもたらす**ことがあります。

例えば、孫さんなら、どのように考えるだろう？

そういった疑問を抱き、考えることも大切です。
皆さんも1日たった5分、キャンペーンや集客について、自分の未来について、脳がちぎれるぐらいワクワクしながら考えてみてください。

プチワーク

さっそく書き出してみよう！　脳がちぎれるほど考えた内容は？

第3章

経験ゼロでも、90日で売れっ子カメラマンになれる

3万円のカメラ1台で、誰でも起業できる
――公開！　副業カメラマンおすすめ機材

これまで一度もカメラを触ったことがない人、持っていない人でも、3万円のカメラ1台あれば、90日以内にカメラマンだけで生活することはハッキリ言って可能です。

僕が運営している「カメラマン全力授業」の受講生でも、90日以内に100万円を売り上げた人が何人もいます。

世の中の多くの人は、**カメラが高ければ高いほど良いものが撮れると思いがちですが、それは大きな間違い**です。

高いカメラには、いろいろな機能がついていたり、可能になることが多かったりしますが、そもそものカメラの性能を理解していれば、正直3万円のカメラ1台でも、どんどん売上が上げられるカメラマンになれます。

では、僕が写真館をオープンしたときのことを例に挙げて、3万円の内訳をお話しします。

◉ボディ——1万4000円

僕が初めてカメラを手にしたのは、長男が生まれてすぐでした。子どもの成長をカメラに収めようと思ったのがきっかけで、まさに、新米パパが最初に買う初心者用デジタル一眼レフカメラ**『Canon デジタル一眼レフカメラ EOS Kiss X5』**を、当時、中古を3万円で購入しました（現在は生産終了）。

2019年春現在、X5の前モデルX4は、Amazonで1万4000円で購入できます。

ボディはハッキリ言って、ランクが下でも問題ありません。

◉レンズ——6000円

次にレンズを購入します。レンズは、**単焦点レンズ**を購入しましょう。

写真館をオープンし、どうしたら1億円稼げるカメラマンになれるのか、TTPの法則で、世界的カメラマンに何人も会いに行き、どうやって撮影するかお聞きしました。

すると、世界的に活躍し、富を得たカメラマンたちは、みんな単焦点レンズを使用していたのです。

これも、直接会いに行き、お聞きできたからわかった共通点です。

単焦点レンズは、ズームができません。

ズームレンズは、どこでもズームができ撮影できるという利点がありますが、**一番きれいに撮れる距離間と瞬間を押さえられる**単焦点レンズとは、出来上がりに大きな差が出てしまいます。

ですから、単焦点レンズの定番レンズである**50㎜**を購入してください。

50㎜を提案する理由は2つです。

1つは、お客様と会話をしながら、違和感のない距離でシャッターが切れるからです。

撮影依頼で多いのが、家族や子ども、プロフィール写真などの人物がメインなので、お話しして緊張感をほぐし、コミュニケーションを取りながら撮影できる50㎜はとてもおすすめです。

もう1つは、安価だからです。

世の中で一番需要のある定番レンズのため、大量生産している分、価格が安くてお得です。こちらも2019年春現在、Amazonで6000円で購入できます。

◉その他——1万円弱

先ほどのKissのX4のボディと合わせても2万円強です。

あとは、**SDカード**。こちらも最初は**16GB**のもので十分です。Amazonでは1000円で購入できます。

バッテリーはあったほうがいいでしょう。もし、ボディに**ストラップ**がついていなかったら、それも購入してください。それぞれ1000円程度で購入できます。

以上で、プロカメラマンになれる態勢が整いました。

3万円未満の初期投資ではありますが、プロカメラマンとして素敵な写真を撮ることができます。

カメラ初心者必見！
世界一簡単にステキな写真を撮る方法

カメラには押せるボタンがたくさんあり、難しく捉える人がとても多いですが、ここで、カメラ歴0日でも劇的な写真を撮れる方法をお伝えします。

カメラの設定をマニュアルにし、
【ISO感度】100（室内で暗ければ、少し上げる）
【F値】2・2（ほとんどのズームレンズでは、ここまで数字が小さくならないので、単焦点レンズが必要）
にして、**シャッタースピードのみ、その場の明るさに応じて調整**してみてください。
あとは、すべてオートでOK（触らなくてOK）です。

写真家の方に怒られるかもしれませんが、カメラ歴0日の人は、これだけで驚くほど簡単にボケたキレイな写真が撮れるようになります。

僕が普段撮っている写真は、ほとんど同じ設定で、例えば結婚式の撮影も、シャッタースピード以外ほとんど調整していません。

そもそも結婚式は、大事なシーンが連続であるため、設定を変更している時間などなく、あとで、レタッチという作業で調整しています。

簡単に説明しますと、**ISO感度**とは、数字が大きくなればなるほど明るくなりますが、劣化もしていきます。そのため、最小の数値で撮るのが理想的です。

F値は、簡単に言えば一眼レフの醍醐味であるボケ感です。**数字が大きくなればなるほどボケません**。

集合写真などでは数字を上げたりしますが、ここを少ない数字にすることによって、キレイなボケ感が出ます。

2・2の理由は、一番小さい数字にすると、距離感によっては、目にピントを合わせると鼻がボケるぐらいにボケ度が増すので、初心者には2・2ぐらいを推奨しています（慣れてくれば、もっと小さい数字でもＯＫ）。

シャッタースピードとは、シャッターを切る速度ですが、人物を撮るときは1／100ぐらいが目安で、星空なら30秒、水道の水を止まっているように撮影するためには1／1000なども可能なのですが、**遅ければ遅いほど写真が明るくなり、速ければ速いほど写真を暗くすることができます**（シャッターを切るまでの時間にどれだけの光を取り込めるかの違い）。

以上をまとめると、次のようになります。

①マニュアル設定
②ISO感度100
③F値2・2
④シャッタースピードは、撮影場所に応じて調整

あとは、背景との距離感で写真はボケるため、撮りたいものにできる限り近づき、背景がスカッと何もないところなどで先ほどの設定で撮ると、「おぉ！」と自分でも思えるぐらいのボケ感のキレイな写真になります。

たったこれだけで、あなたもお客様から見て「プロ」と思っていただける写真が撮れるようになります。

なお、このたび**「【超簡単一眼レフ講座】カメラ・レンズ等すべて含めて3万円でプロ写真をとる方法⁉」**（動画ファイル）を無料プレゼントとしてご用意しました。詳細は本書最終ページをご覧いただき、**http://frstp.jp/camera** よりダウンロードしてくださいね。

初日から稼ぐ、3カ月でもっと稼ぐ

「カメラマン全力授業」では、初日から稼いでもらいます。

まだカメラを触ったことがない、何ならまだカメラさえ持っていない、カメラ歴0日の人に、僕の集客テンプレートをお渡しします。

そして、そのテンプレートをＳＮＳに投稿するだけで、**多い人ではその日に50件以上の依頼**が舞い込んできます。

初日にして予測売上が立てられるので、そのお金をカメラやパソコンといった必要経費に充て、その後は経験を積んでもらうことになります。

何もできない、何も知らない状態で、突如、撮影の依頼が来た「自称プロカメラマン」だけど、カメラ歴0日の人間は、いったいどうなるのでしょうか。

答えはただ1つ。

そう、必死になります。必死で、「どうにかしなきゃ」という気持ちになるのです。

実はこの必死さが、世の中の皆さんには足りていないのです。

自分が手に入れたい結果に対しての動機づけが足りない人が、ほとんどです。

例えば、年収1億円稼ぎたいという人がいるなら、年収1億円を稼ぐための**絶対的動機**が必要になります。

この絶対的な動機がないからこそ、「別に今の生活でもいいや」と甘えが生じて、現状に留まることになるのです。

しかし、本当に年収1億円を稼いでいる人たちは、そこの動機づけがしっかりしています。

僕も当時は、「年収が1億円にならない限り、私生活を全部捨てる。だから絶対に

1億円を稼ぐ！」。

そういう強い気持ちと動機づけで、手に入れることができました。

ですから、あえて初日からご依頼をいただき、予約がきている状態になって、**「どうにかしなくちゃ」という切羽詰まった状態に自分を追い込み、向き合うような環境をつくります。**

そして、お客様を満足させ、収益を得るためには、この先、何をどうしたらいいのかを自分で判断し、それに基づき必死で行動することで、売上を上げながら90日後にはある程度撮影に慣れているような状態となっています。

これは、ビジネスです。**ビジネスと知識、技術はまったくの別物と考えて、まずは売上を立てていくことを先決**しましょう。

七五三に神社に行くと、不安が解消される

統計によると、全国にある大中小すべての写真館の売上のほとんどを占めるのは、七五三です。

なぜなら、年間を通して七五三の撮影依頼があるからです。

子どもの成長を祝うための家庭行事の1つ「七五三詣り」は、一般的に11月15日に行なう行事と言われています。

しかし、写真館では、年が明けた1月から前撮り撮影の依頼が入り始め、だいたい6月くらいまでは「日焼けをする前に」という方が、その後は、「夏休み中に」という理由で前撮りをします。

そして9月に入り、いよいよ本撮りが開始。メインの11月は、カメラマンの数が足りないくらい依頼が殺到します。

それで七五三は終わりかと言えば、そうではありません。

11月後半からは、後撮りの依頼が増加し、年賀状に利用したいなど、あらゆる要望によって、年末まで撮影が舞い込みます。

なぜ、年間を通して撮影依頼が入るのか。

1つには、「七五三はしない」というご家庭は、限りなく少ないことが関係するのだと思います。

生まれたばかりの頃は、まだあまり横のつながりの少ないご両親も、幼稚園や保育

園、公園や子育て支援センターなど、成長に伴い子どもを通じてのコミュニティの場が増えるため、「七五三どうする?」「お宅はどこの神社でやるの?」といった会話が当たり前のように繰り返されるため、「七五三はしない」という選択をする人は、ほぼいないのだと思います。

　また、日本の文化としての子どものお祝い行事と考えると、七五三の次は成人式になるため、家族で集まる貴重な機会として捉えるご家庭が多いようです。

　何より、着物姿やスーツ姿で集まるめったにない機会ですから、この日の写真を記念に収めたいという心情になるのも理由の1つだと思います。

試しに、七五三シーズンの神社に行ってみてください。カメラマンの数が足りないくらい、七五三姿のご家族がたくさんいらっしゃいます。

実は僕も写真館をオープンしたての頃に、七五三の撮影依頼が入り、大きな神社に出向きました。

すると、まわりのご家族から、「次、うちも撮って」とたくさんのお声をいただきました。

当時はまだ、出張撮影が珍しかったため、「これはチャンス!」と思った僕は、翌年、大々的に七五三の出張撮影プランを打ち出しました。

すると、予約の電話が鳴りやまないほどの依頼が殺到。あまりの本数とそのうるささに、電話線を切るという事態に陥りました。

某上場会社の写真館でも、七五三シーズンには従業員を増加し、撮影はアルバイトが行なうというのは、業界でも有名な話です。

つまりカメラは、**決まった構図で撮れば、お客様の満足は得られる**のです。

だから僕たちは、それに加えてプラスαのサービスを提案して、さらに大きなビジネスチャンスをつかんでいくのです。

百均より安く商売道具が買える、超おすすめアプリ

皆さんは「Wish（ウィッシュ）」というアメリカ発のアプリケーションをご存じですか？

Wishは、サンフランシスコに本拠を置くショッピングアプリとマーケットプレイスで、メーカーに直接つないでくれるため、中間業者に仲介料を支払うことなく原価で商品を購入できる、世界でも人気のアプリです。

送料込みでもなぜこれほどまで安価なのか、かつて貿易会社を経営していた僕でさえ不思議なシステムなのですが、撮影道具の購入にはとても重宝しています。

海外から船便で送られてくるため、配達には2～3週間を要しますが、万が一トラブルがあった場合は全額返金されるため、安心して利用できるのが特徴です。

日本の百円均一はとても充実していますが、皆さん、当たり前のように利用しているため、撮影で使用する小物を百均で購入しようものなら、お客様にチープ感を与え

てしまうことは目に見えています。

その点、Wishの商品は、日本では浸透していないものも多く、**百均よりも安いのに高価な印象を与えるものばかり**なため、お客様の満足度も高く、感動を与えることができます。

また、あるときは、**Wishの商品をキャンペーンで利用**したこともあります。

赤ちゃんが最初に履く靴を「ファーストシューズ」と言いますが、日本では安くても1500円、普通に買っても5000円くらいするファーストシューズを、Wishで送料込みの200円で大量購入しました。

そして、「マタニティ撮影をされた方に、今ならファーストシューズをプレゼントします」というキャンペーンや、「マタニティ撮影、ニューボーン撮影、お宮参り撮影、お食い初め撮影、いずれか2回の撮影でファーストシューズをプレゼント！」といったキャンペーンを行なったところ、たくさんの予約をいただきました。

皆さん、「この撮影料金で、こんなにかわいくて高そうなファーストシューズをもらってもいいの⁉」と驚かれ、その後も口コミでどんどん撮影依頼が増えていったことは、言うまでもありません。

一度、妊婦さんをファンにすると、その先のリピート率は半端ではありません。

先ほども触れたように、マタニティ撮影、ニューボーン撮影、お宮参り撮影、お食い初め撮影、それからハーフバースデイに1歳のお誕生日に始まり、七五三へとつながります。

だから、大手の写真館では、マタニティを対象にしたキャンペーンが多いのです。

例えば、マタニティフォトを無料に近い値段で受け、そこで自社製の増えるアルバムをプレゼントするなど、リピートにつながるサービスで集客しているのです。

ライバル社になってしまいますが、ここでもTTPPの法則を取り入れて、Wishで購入した小物などを利用し、世界で1つだけの価値ある写真を撮影してはいかがでしょうか。

屋外撮影でもスタジオっぽくできる裏ワザ

人間の肌を良く見せるには、緑色と相性が良いとされています。スタジオでも、葉っぱや観葉植物など、緑が多く使われているのは、こうした理由があるからです。公園や神社など、日本には屋外でも緑のある場所がたくさんあります。そのため、工夫次第ではいくらでもスタジオのように撮影できるのです。

例えば、木々など緑を背景にする場合は、**緑との距離を少し保ちながら撮る**と、きれいなぼかしでより人物が映えた写真になります。

また、**葉と葉の隙間に太陽の光が入るようにする**と、人間の目の原理で〝玉ボケ〟が生まれて、被写体のバックがぼやけることで、お客様は素人では撮れない写真だと判断し、ご満足いただけます。

他にも、お誕生日の撮影であれば、HAPPY BIRTHDAYと描かれたガーランドを木の枝に結んだり、イーゼルに黒板を立てて、「〇〇ちゃんお誕生日おめでとう！」と

手書きで記すなど、**オリジナルのメッセージ**を残すこともできます。

また、春なら桜やチューリップ、夏ならひまわりやマリン模様の小物、秋なら紅葉、冬なら雪だるまなど、**その時々のアイテムを取り入れるだけで季節感を演出**できます。

僕は、屋外撮影は自然のスタジオだと思っていますし、工夫次第でいくらでも高級感を出したり、オシャレにもできたりするため、物語の世界に入ったような撮影ができるよう、いつも心がけています。

通常、一般の人は、写真を撮る際、順光という太陽に当たる側に被写体を立たせて撮影することが多いのではないでしょうか。

それでは、のっぺりとした出来栄えにな

ってしまいます。

ですから、**カメラの中にわざと光を入れて、フレアやゴーストを利用する**のも1つの手。逆光を利用するだけで、アーティストの作品っぽい写真に仕上がるため、お客様が素人では撮れない写真に満足してくださるのです。

日本各地、いろいろなタイプの公園があります。

僕は勝手に、「ここの公園はイギリスっぽいから、イギリス風の撮影で使おう」とか、「ここはスペイン風だな」など、何箇所かあらかじめリサーチしておき、お客様におすすめする際に、「ここならこんな写真が撮れますよ」とサンプル写真をお見せするようにしています。

お客様が「ここで撮りたい！」という希望があれば別ですが、うまくご提案できれば、あなたの行きやすい場所やテリトリー内に足を運んでいただき、ご満足いただくことも可能です。

5歳児になれば、誰でもどんどん吸収できる

5歳児と大人は何が違うのか。

何事も挑戦するのが5歳児。何事も挑戦しないのが大人です。

とある統計でも、成人の80%が「やりたいと思っていてもやらない」というデータが上がっています。

そう、大人と違って5歳児は、何にでもトライするのです。

例えば、目の前におもしろそうなオモチャがあれば、すぐさま手に取り、遊びます。

洋服が汚れようと、時間が過ぎようと、何も気にせず楽しもうとするでしょう。

しかし、大人はどうでしょう？

「そんなことをして遊んでいる時間がもったいない」と、デメリットやリスクを優先して、手に取ることすらしないのです。

そして、そんな大人こそ、成功のチャンスを自ら手放してしまっています。

僕が思うに、5歳児は生涯において、一番無敵な時期です。

恐怖心がなく、毎日思い切り泣いて、思い切り笑って、やりたいことにはまず挑戦してみます。

もし、失敗しても、何がダメだったのか振り返り、どうしたらできるようになるのか考察し、再びトライします。**トライして、フィードバックして、オブザーブしてリトライできる5歳児は、成功に辿り着く可能性が高い**のです。

僕も子どもが3人いるのでよくわかるのですが、子どもの世界では、たった1時間の間に、ケンカも仲直りも大嫌いも大好きも全部入っているのです。

大人だったら1回のケンカでも後を引き、何カ月も口を利かなかったり、プライドが入ったりするため、そうはいかないでしょう。

しかし、子どもは、その場ですぐに「ごめんね」「ありがとう」「仲直りしよう」といった会話が飛び交うのです。

つまり、人生で成功するのは、このように素直で従順な5歳児ではないかと僕は思います。

ですから、**何かに挑戦するときは、自分が今、5歳児になれているかを確認する**と、成功に導かれやすくなるでしょう。

5歳児になれた者が、成功者になりやすいのです。

目標達成しなければ、カメラを捨てる覚悟を持つ
――痛みは快楽の5倍の力がある

人生の目的を見つけて、それに対する目標をつくることで、人生の目的に辿り着くというのが、人間のシンプルな生きる術《すべ》だと僕は考えます。

しかし、その目標を達成できないから挫折し、マイナスに陥る人が多い中で、どうすれば圧倒的に目標を達成できるようになるか……。その話を、ここでしたいと思います。

まず理解すべきは、人間の習性です。

人は痛みがあるときは、快楽を得るときよりも5倍の力を発揮するということが、実証されています。

例えば、目の前に炎が上がっています。それを素手で触ろうとすると、5倍の力で

避けようとする力が生じます。

火に触ると熱い、痛いという感覚から、火を避けようとする力が5倍加わるのです。

それと同じで、自分の理想が実現することを快楽だとすると、自分が望まない最悪のストーリが痛みとなることで、5倍の力が発揮されるのです。

例えば、大学受験に合格したら10万円もらえるのが快楽だとしたら、1倍の力で受験に望むことになるとします。

けれど、もし大学受験に失敗したら、親からは勘当され、ほしいものも手に入らない最悪の人生を送ることになると植えつけると、5倍の力で受験に臨むことができます。

この原理を、カメラにも置き換えてみましょう。

3カ月後、あなたはどんなカメラマンになっていたいですか?

まず、**目標を立てるときは、自分が手に入れて心から喜ばしい、かつ、現在50%イメージできる目標を掲げる**ことが理想です。

現時点で100%イメージできているものは、努力しなくても手に入ります。逆に、5%や10%しかイメージできていないものは、そもそも到達するのが困難な目標になってしまうのです。

ですから、3カ月後に50％イメージできる目標を掲げ、もし、それに到達できなければ、今持っているカメラ機材をはじめ、本当に自分が捨てたくないものを捨てることになると想像してみましょう。

そうすると、あなたに5倍の力が芽生え、その力によって目標を達成しやすくなります。

プチワーク

あなたにとって一番の痛みは何ですか？

ありえないサービスをすると、ありえないほど依頼がくる

新婚旅行にフロリダのディズニーワールドに行ったくらい、僕はディズニーランド

が大好きです。

なぜ、ディズニーランドが世界的に評価されるのか。

それは、お客様のハピネスを目的に、あり得ないサービスを行なっているからです。キャストの多くはアルバイトなのに、「そこまでしてくれるの?」というくらいあり得ないサービスを次々と展開してくれるのですから、多くの人がその魅力に惹かれ、リピーターになってしまうのも納得です。

僕はディズニーランドの方針から、

「あり得ないサービスにフォーカスすることで、そこにビジネスチャンスが生まれてくる」

ということを学び、いつも、どんなビジネスを行なうときもあり得ないサービスを考えるようになりました。

そして、あり得ないサービスを展開するためには、お客様が抱く悩みのポイントやストレスを解消することにあると考え、さっそくお客様の生の声を集めてみました。

その結果、僕が思いついたあり得ないサービスは、**「手ぶらで来てください七五三キャンペーン」**でした。

大ヒットキャンペーンの中身――手ぶらで来てください七五三キャンペーン

七五三詣りの神社では、困っていたり、怒ったりしている、イライラしたお母さんがたくさんいます。

お母さんに事前アンケートをしたところ、七五三当日は、帰ってきてからのお祝いの準備をしたり、自分の着付けをしたりと朝から大忙し。

そして、嫌がる子どもに着物を着せていざ神社へ。すると、やれ着物が苦しいだ、歩きにくいだ、こんなのつまらないと子どもは文句を言い出した挙句、遊び出してレンタルの着物を汚しやしないか、お母さんの気が休まるときがありません。

どうにかして静かにさせようと、「後でアイス買ってあげるから」「オモチャ買ってあげるから」など、したくもない約束をする羽目に。

しかも、一番、頼りなるはずのパパは、そっちのけでスマホのゲームに夢中など、七五三詣りの神社には、沸騰寸前のお母さんがたくさんいらっしゃるのです。

そこで僕が考案した「手ぶらで来てください七五三キャンペーン」では、**普段着で**

神社に来てもらい、駐車場（使用許可をもらうこと）の特設テント（Amazonで2000円くらい）で、僕がお子様の着付けをすることにしました。

僕は保育士になりたかったくらい子どもが好きですが、着付けなど、それまで一度もしたことはありませんでした。

しかし、YouTubeなどで検索すれば、わかりやすい着付けの仕方がいくつもアップされていたので、それを参考に、テントの中で2人きりでお着替えをしました。

小さなテントの中で、男の子なら「あとで戦いごっこしよう」と声をかけたり、女の子なら「あとでプリンセスポーズで写真撮ろうね」と約束したり、そうしたやりとりの中、まず**子どもと信頼関係を育む**ようにします。

そうすると、子どもも、「このお兄ちゃんが今日1日遊んでくれるんだ！」「よくわからないけれど、今日は楽しい日になりそうだな」と思ってくれるようです。

僕はカメラマンなので、着付けのプロではありません。

もし、着付け途中を目にされると、いろいろなご指摘があったかもしれませんが、幸い着付け中はお子さんと2人きり。親族の方には最後の仕上がりしか見えませんので、着くずれしないことだけを意識して、写真としてきれいに写すことができれば合格です。

僕は撮影に、男の子にはプラスチックの刀を、女の子には和傘を用意するのですが、撮影が終わった後は、男の子とチャンバラごっこをしたり、女の子と和傘を持って振り返り美人をしたりして、着替えが終わる最後まで楽しく遊ぶよう心がけています。

依頼してくださったお母さんは、口を揃えて「楽だった」と言ってくださいます。

そして、「また撮ってほしい！」と依頼してくださる方も多くいらっしゃいました。

実はこのキャンペーン、3歳児を中心に行なっていたため、幼稚園の入園式や卒園式、小学校入学、そして再び七五三など、**幾多にもリピート利用してもらえることを狙っていた**のです。

ディズニーランドからお知恵を拝借し始めたあり得ないサービスの1つ、「手ぶらで来てください七五三キャンペーン」は、たった1カ月で200万円以上の収益が得られました。

これからもたくさんのあり得ないサービスを展開していきたいと思っています。

プチワーク

あなたにとって、あり得ないサービスとは？

「これが私の生きる道」を見つける——使命を知り、自分を肯定する

人間がそもそも行動しなくなるのは、自信を失うときです。

自信とは、何からきているのか。

それは、自己信頼、**自分との信頼関係**からきているのです。

つまり、自分を認めると自己信頼ができて、自己信頼、略して自信が生まれます。

自信があると、人間は行動が起こしやすくなります。行動を起こすと、行動の先にしか成功はありません。妄想の先に、成功はないのです。

ですから、**行動することを先に見つめるより、まずは自分との信頼関係を築くことが大切**です。

逆に、人が自信を失うのは、自己否定からきています。

自己否定は、どこからくるのか。

それは、人と比べることから起こるのです。

海外よりも日本人に多い習性と言われていますが、海外では、その子のアイデンティティを引き出す授業が多いのに対し、日本の教育は、人と比べるところから始まります。人と比べて、一等賞になった人を褒め称えるのです。

ずっと一等賞を取り続けられる人はいいのかもしれませんが、例えば、ずっと一等賞だった人が、二等賞になっただけで自己否定が始まります。

たった一度、二等賞になっただけで、「あの子のほうがすごい。自分はもう自信が持てない。何も行動できない」という気持ちになり、そして成果に辿り着かない人生を歩むことになってしまうのです。

僕は、人と比べること自体は悪いことではないと思います。競争心を生み出して、それが行動力に変わることもあるからです。

しかし、ここで**一番良くないのは、人と比べて自己否定してしまうこと**、これが望ましくないのです。

では、自分を肯定するにはどうしたらいいのか。

これまで僕が学び、辿り着いた答えは、**「自分の使命に生きること」**です。

「命を使う」と書いて使命と言いますが、これができている大人には、100人中1人くらいしか僕は会ったことがありません。

ほとんどが、使命と向き合っていない大人ばかりです。

だからこそ、改めて考えてほしい。今日何に命を使いたいのか、明日、何に命を使うのか、生涯どこに命を使うのか。

それを知ると、「そこに自分が生きているんだ」とわかり、その言葉が、自分をいつまでも肯定し続けてくれます。

僕の使命は、「世界をより豊かにすること」。

周囲には、お前には無理だ、何を言ってるんだと言われるかもしれません。

でも、僕の使命はこれなんです。僕はこの使命があるから自分を肯定できるので自己信頼もでき、自信を持って肯定できます。

誰かに影響される他人軸で生きている人こそ、まずは、「これが私の生きる道」という使命は何なのかを、一度一生懸命考える時間を設けてほしいなと願います。

できれば使命は、手段にフォーカスしないほうがいいです。

「自分の人生の目的は〇〇だ」と断定的に言うことで、自分の脳にインプットでき、それで生きているんだと、毎日毎日自分を見返すことができます。

例えば、「自分は人々を幸せにするために生きているんだ」という使命を持っていたら、人々を悲しませることはしないし、考えもしない、そして行動もしないでしょう。

自分のアイデンティティに入り込むため、意識的なことにも、無意識的な行動にも影響力を及ぼし、自信を持って生きることができます。

僕の養成所では、この使命を見つける授業を、かなり力を入れてやっています。

プチワーク

あなたの使命は何ですか?

ファインダーを覗くと、あなたの才能が見えてくる

ここまで読んでくださった皆さんの中には、

「あ、カメラやってみようかな」

「せっかくカメラ持っているから、久々にシャッター切ってみようかな」

と思ったなど、いろいろな背中を押せるとうれしいなと思っています。

そもそも、この本を読むだけでカメラマンになれるわけではありません。

ですが、**「カメラやってみようかな」といった気持ちが多少なりとも芽生えたのなら、ぜひファインダーを覗いてみてほしい**んです。

それは、ファインダーの先には、必ずあなたの才能であったり、あなたの未来が見

えてくるからです。

人間という生き物は、自分のことをわかったつもりでいるだけで、わかっていないのが自分のことです。

でも、ファインダーを覗くと、**自分の目で見えている世界と別の世界が見えます。**

同じ方角でも、別の世界が見えてくるのです。そして、ファインダーを覗くことによって、新たな世界に飛び出して、新たな結果をもたらします。

自分を知るということは、他人と深くかかわることです。

ファインダーを覗くと、そういった世界が見えてくることもあります。

僕の好きな言葉の1つに、シューマンの名言があります。

「芸術とは、人の心の奥底の深く暗い部分に光を照らすこと」

あなたの撮った写真が誰かの命につながったり、誰かの幸せにつながったりするので、まずはこの本を読んで、あなたの中にある「シャッターを切りたい」という気持ちを後押しできればなと思います。

その写真の、自分が撮った写真の中に、そこにあなたの才能が見えてきて、あなたのすばらしい未来につながっていくと僕は信じています。

先にもお伝えしましたが、成功者は、未来は必ずすばらしいということを知っています。

未来は必ずすばらしい。

それを知っているのが成功者です。成功しづらい人は、そこにフォーカスしません。

目の前で苦しいことがあっても、どんなにどん底だと思っていても、成功者は「大丈夫。この先の人生は必ずすばらしい」というところにフォーカスします。

もしもあなたが最高の人生を歩みたい、すばらしい人生を送りたいと思うなら、**「この先の人生はすばらしいんだ」という気持ちでファインダーを覗いてみてください。**

第4章

お客様がどんどんやってくる「ぱぴぷぺぽの法則」

――集客&売上アップ術

「圧倒的な写真」を1枚アップするだけでお客様が殺到する

この第4章のタイトルにある「ぱぴぷぺぽの法則」とは、「パッション」「PR」「プロフィール」「ペース配分」「ポジティブ」を指しています。

この章では、カメラマンに限らず、副業・複業・起業でとても大事になってくる集客&売上アップの方法をお伝えしていきます。

僕がおすすめしている副業はカメラマンなので、副業としてのプロカメラマンが参考になるものを関連づけながら、詳しくお伝えしていきます。

現代の集客の主流は、SNSです。

情報過多な今、SNSで拡散し、大きな集客を得るためには、**「圧倒的な写真」を1枚撮ること**だと、塾生にはお伝えしています。

「圧倒的な写真」とは、どんな人が見ても「うわっ、すごい！　感動する‼」という作品です。

もっと明確にお伝えすると、**「玉ボケ」のたくさんある写真**です。

玉ボケについては第3章でも少し触れましたが、光の玉がたくさんあると、ぼやけて幻想的に映るため、一般的な人が好むきれいな写真が出来上がります。

玉ボケは、単焦点レンズを開放することで撮れますから、「圧倒的な写真」を1枚撮りましょう。

そして、その写真をアップすると、「この人、素敵な写真を撮る人だな」と思われ、撮影の依頼が殺到します。

ここで、素人とプロの違いをお話しすると、それはひとえに**「作品を見て行動を起こさせるかどうか」**にあります。

素人の作品は「いいな、きれいだな」という感想を抱かせます。

しかし、プロの作品は、見た人、触れた人にアクションを起こさせるのです。

そのくらいエネルギーのある「圧倒的な写真」を1枚撮っておけば、より大きな集客につながります。

もちろん、「たくさんの写真を撮って、何枚もアップする」というのも、1つの集客法です。

けれど、1枚の「圧倒的な写真」さえあれば、**数年間集客に悩まないほどの影響力**を及ぼすのです。

ですから、ぜひその1枚にかける「私の作品」と言える作品を撮りましょう。

例えば僕だったら、夜明けの4時、5時といった時間帯の朝日と、ストロボを使って星空を映し出す、幻想的なポートレート撮影をしたいなと思います。

たった1枚の写真とはいえ、時間と労力は半端ではないですし、機材の運搬やセッティング、モデルさん自身も大変でしょう。

しかし、それくらい費やさなければ、自分の顔となるような「圧倒的な写真」は撮れないのです。

ただ、たった1枚でも「圧倒的な写真」が撮れさえすれば、その写真を何度もＳＮＳに投稿して見てもらう機会を増やすだけで、自然とカメラマンとして確立されるようになります。

「圧倒的な写真」のことを**「超絶写真」**とも言いますが、その**撮り方はインターネットで検索すればいくらでも出てきます**。

僕は「圧倒的な写真」を撮るために、超絶写真集を購入したり、世界的に活躍するカメラマンに直接会いに行って、世界トップクラスの方々と同じ構図、同じレンズで撮影する方法を会得し、世界トップレベルの「圧倒的な写真」を撮ることに成功しました。

そして、その写真をＳＮＳに投稿したことで、何年経っても未だに集客に困ることはありません。

ＳＮＳ上で「カメラマン宣言」をする

「いよいよプロカメラマンとして活動するぞ！」と意を決しても、オープンすることを通知しなければ、お客様はやってきません。

僕はこれを、**「カメラマン宣言」**と呼びます。

なぜ、カメラマン宣言をするといいのか。

メリットは２つあります。

１つは、**一般の方に知ってもらうため**です。カメラマンであることを、友人や知人、ＳＮＳ上のつながりがある人など、みんなに知ってもらえる機会をつくりましょう。

カメラマン宣言をすることで、周囲の人たちが投稿をシェアしてくれたり、いいね！を押してくれたり、ストレートに撮影依頼を受けたりする可能性があります。

もう１つは、**「カメラマンとして生きていく」という覚悟を持つため**です。

本で読んだり、頭で理解していたりしても、それではイメージの中だけの世界です。

それを、「カメラマンになりました！」と言葉に出すことで、自分の意識的、無意識的なところまで、「カメラマンとして生きていくんだ」という強い意志と覚悟を持つことで、自分のアイデンティティに入ることができます。

そして、「今後はプロカメラマンとして生きていくんだ！」という言葉が腑に落ちることで、やるべき行動、フォーカスが変わっていくからです。

「プロカメラマンである」に違和感がある人へ

プロとアマの違いは、正直言ってカメラマンの中ではありません。

企業では、公式カメラマンを採用する際に、カメラを何台持っているなどの規定を定める場合がありますが、世の中の規定として、**プロかアマかの違いは、自分で「言った」か「言わない」かです。**

ですから、「私がプロのカメラマンである」と発信することに、違和感を持つ必要はないのです。

もし、どうしても「私がプロのカメラマンである」という言葉に違和感がある人は、**言い続けること**をおすすめします。

その方法は、とっても簡単です。

まわりの人や自分自身に、「私はプロカメラマンである」と違和感がなくなるまで言い続けるのです。

これをアイデンティティと言いますが、アイデンティティにはとてつもなく強い力があります。

昔の武士、いわゆるお侍さんは、「私は侍である」というアイデンティティを持っていました。そのため、「侍たるものこのようなことではならぬ」という出来事があれば、切腹して自分の命さえも落とす時代でした。

自らを死に追い込む、これがアイデンティティの力です。

逆に「自分はマイナス思考で人見知りで内気で……」と、ネガティブなアイデンティティを常に入れてしまうと、本当にそういった人にどんどんなってしまいます。

ですが、口から、言葉から、自分の心から、「私はプラス思考でまわりにいい影響を与え、そして最高のプロカメラマンである」と言い続けることによって、まわりにもすごく良い影響を及ぼし、「自分自身がそうなるためにどうすればいいのか」というフォーカスに変わっていきます。

「私はプロカメラマンである」と違和感がなくなるまで言い続ければ、そのためにどうすればいいのか、じきにフォーカスされる日が訪れます。

ありえないほど依頼が殺到する「500円キャンペーン」

カメラマン宣言をしたら、**善意のモニターを募集**しましょう。

どの業界でもオープン記念特典といったものが用意されているように、カメラマンのオープン記念をうまく利用して、集客を増やすのです。

僕がオープンしたときは、「500円キャンペーン」を実施しました。

オープンして間もないため、モニターとして使える写真がほしいとお願いし、500円で撮らせていただくので、広告やパンフレット、チラシやSNS等で使わせていただきたいと打ち出しました。

そう募集したところ、消費者心理で応援したくなるのか、購買意欲を駆り立てられたお客様から、たくさんのご依頼をいただくことに成功しました。

実はこのキャンペーンこそが、僕が一瞬で写真館を大きくした集客術と言えます。

「カメラマン全力授業」でも、生徒たちに「500円キャンペーン」で集客してもらうのですが、多い人で、1回の投稿で50件以上の依頼が入ったり、100万円以上売り上げる人もいます。

ここでは、どのようにして「500円キャンペーン」で依頼と売上を伸ばしているのか、その裏側をお話ししたいと思います。

通常ですと、プロカメラマンが撮影して500円という価格での提供は、あり得ない金額です。

お客様には、**「モニターキャンペーンのため、写真1枚だけのご提供となります。もしも全部のデータがほしい場合は、全データ料金の2万円をいただきます」**とうたいます。

なぜ、1枚500円でもいいのか。

それは、**写真の使用許可がいただける**からです。

通常、モデルさんにはお金を支払い撮影させてもらうわけですが、このキャンペーンでは、５００円をいただき、写真を使わせてもらえるので、僕らにとってもすごく利点があるのです。

「５００円キャンペーン」を成功させるためには、もう1つ、ポイントがあります。

それは、**自分の住んでいる地域に500円キャンペーンの投稿をする**ことです。

「同じ地元」という共通点があると、ラポール（心理学用語で、２人の人の間にある相互信頼の関係が成り立つこと）が生まれるため、信頼関係が築きやすくなるからです。

例えば、僕は大阪府八尾市が地元なので、

「八尾市の皆さん、はじめまして。
八尾市で写真撮影サービスを始めました、写真館フォトネイロと申します。
この街の人たちの幸せを残したいと思い、私はこの街に写真館をオープンしました」

といった自己紹介をすることで、「同じ地元で生まれたんだ」という信頼関係が芽生え、いっそう依頼につながりやすくなるからです。

ただ、序盤であまり強い思いを乗せ過ぎても、続きを見てくれません。

それよりも、５００円のキャンペーンにインパクトがあるため、一般の人はそちらの情報を先に欲するでしょう。

ですから、「５００円キャンペーン」の内容となる、

「どんな撮影でもかまいません。１時間の撮影でお気に入りの１枚を５００円で提供します」

といった主文を載せ、

「全部のデータがほしい場合は、別途料金でご案内します」

と補足を付けます。

その次に、「なぜ５００円なのか」を説明します。

そこは正直に、

「モニターとして写真素材がほしいから。ＳＮＳに投稿する写真素材がほしいから」

と伝えればＯＫです。

そして最後に、**自分のお店の理念やミッション、ビジョン**といったものを載せます。

最初に書いてあると読みたくないと思うのに、それまでの過程でどんどん引き込まれている見込み客は、「感受性豊かな人に撮影してもらいたい」「この人になら、頼んでみようかな」という気持ちが大きくなり、依頼につながります。

何より、５００円というその価格が、「ワンコインならいいいか」という気持ちを呼び起こすのです。

５００円キャンペーンは、いわば**５００円で試供品を配って、本製品（全データ）を買ってもらうというマーケティング手法**です。

販売価格の3倍の価値提供が、口コミを生む

僕は「５００円キャンペーン」を行なって、全データが売れなかったことは一度もありません。

なぜなら、お客様に3倍以上の価値を提供するからです。

全データの販売で2万円なら、６万円以上の価値を提供しています。

そうすると、何が起こるか。

「こんなにしてもらって、たった2万円でいいの？」という気持ちになったお客様が口コミをしてくれることで、あり得ない依頼へとつながるのです。

「あそこの写真館、こんなに満足させてくれたのにたったの2万円だったよ」「七五三撮影をするなら、絶対あの写真館がおすすめ！」など、お客様が集客をしてくれるようになるのです。

つまり、あり得ないサービスを行なうと、あり得ない依頼が舞い込んできますので、プロカメラマンになったら、まずは「500円キャンペーン」を始めてみてはいかがでしょうか。

仕事の依頼がくるトライアングルの法則

——投稿写真＋文章・アイコン・プロフィール

現代ではSNSでの集客が主流であると何回もお伝えしました。

理由は、以前のような新聞折り込みチラシや本では、そこから電話をかけたり、H

Pを開いたりと、ワンアクション多い作業を要してしまうからです。

情報をサクサク手元に引き寄せたい今の時代、SNSでの集客はとても効率的です。

そんな**SNSでの集客のポイントは、投稿写真＋文章・アイコン・プロフィール**の3点にあります。

なぜなら、**SNSを閲覧するユーザーの見るポイントは、この3つしかない**からです。

例えば、Facebookなら、はじめの3行から5行しかトップに表示されないため、続きが読みたくなる文章作成が必要です。

しかし、それ以前に目に入るのは、投稿写真、最近であれば、動画です。

たくさんある投稿をユーザーがスクロールして閲覧する中、0・1秒でその人が視覚にとらえ、興味を抱き、手を止める。

そんな**ドキッとするような画像を投稿する**ことが大切です。

例えば、赤ちゃんのキラキラしたすごくかわいらしい目をポイントにした写真を投稿し、そこにわかりやすい文字で**「モニターキャンペーン実施中」や「今が一番お得！」**、あるいは**「限定予約」**など、本来であれば、その瞬間に予約する予定ではなかった人までも購買意欲を駆り立てるような投稿＋写真がベストです。

投稿が気になったユーザーは、次にどのような行動を起こすか。

それは、投稿した人の情報を得ようとします。

インターネットですぐに何でも調べられる時代ですから、この投稿したカメラマンはどこに住んでいて、どんな実績を持ち、どれほどすばらしい人なのか。写真を撮ってもらうに値する人なのかを知ろうとします。

ですから、**プロフィールの作成も非常に重要なポイント**です。

嘘はいけませんが、どう美しく見せるか、そこを意識して、どこの誰か、経歴、実績を明確にすることが大切です。

また、多くの人が失敗しているのが、**アイコン画像**です。

カメラマンだと名乗っておきながら、素人でも撮れるようなアイコンを載せていては、アマチュアだと思われてしまいます。

第2章でもお伝えしましたが、**ひと目見てカメラマンだとわかるアイコン画像**を作成するには、バストアップでカメラを顔の近くに持ち、爽やかな笑顔の表情をしたものを使用してください。

写真を見ただけで、「この人はプロのカメラマンだ！」とわかる、あなたの名刺代わりになるようなアイコン画像の撮影がマストです。

ですから、しょっちゅうアイコンを替えるのではなく、**すべてのアイコンを同じものに統一する**ことによって、依頼にもつながりやすくなることを覚えておいてください。

また、政治家のポスターを例にするとわかりやすいのですが、バストアップ、あるいはややアップめの写真のほうが、人間の心理として影響力を与えるということが分析されています。

以上のことを注意して、仕事の依頼がくる投稿写真＋文章・アイコン・プロフィールのトライアングルの法則を意識して作成してみましょう。

お客様がシェアしたくなる心理とは？

僕が数多くの集客コンサルに参加したり、本を読み、学んだりした中で得た持論があります。

それは、

「人は感動したときに、誰かに伝えたくなる生き物である」

ということです。

「感じて動く」と書く「感動」という言葉には、人の心を震わせ、動かす力が秘められています。

実際、僕のFacebookの投稿でいいね数やシェア数の多い投稿は、読んだ人が「感動しました」とコメントを残したり、シェアしていただいたりという内容が、ほとんどだったのです。

しかも、感動させようと意図して投稿したものは、1つもありません。

本当に僕が感動した出来事を、心動かされ、感動し、涙した出来事を、ただただ素直に、それこそ5歳児になったつもりで思いを綴ったものです。

そして、その感動にふさわしいと感じた写真を添付し投稿します。

するとたくさんの人が共感してくださり、いいねやシェアをしてくださるのです。

それからすぐに、どこからともなく「写真を撮ってください」という依頼が驚くほど舞い込んできます。

ＳＮＳの力を知ると同時に、人は感動したらシェアしたくなることに気づくはずです。

ですから、ＳＮＳでの拡散を狙うのであれば、いかに感動的な出来事を表現するかが大切です。

嘘偽りのない、あなたが心から感動した気持ちを素直に表現したほうが、共感は得られやすいでしょう。

最近観た映画でも、誰かのちょっとした優しさに触れたことでも、何でもいいんです。**あなたがいつ、どんなことに心が震え、動かされたのか。その心情にふさわしい画像の添付も忘れないでください。**

そしてもう1つ、お客様がシェアしたくなる投稿内容があります。

それは、「お得な情報」を載せることです。

ある意味、これも自分の心が動いた瞬間に当てはまるかもしれません。

例えば、コスパ最高のおいしいランチを食べた。平日18時までに入店すると、ドリンクが1杯無料など、自分の利益ではなく、相手のためを思い、「自分が良かったのでぜひ行ったほうがお得だよ！」といった情報を投稿すると、好反応やシェアが起こります。

つまり、**読んだ人がより満足することで、いいねやシェアの数は増える**のです。

カメラマンビジネス版お得情報SNS発信術

これをカメラマンビジネスで応用した場合、こうなります。

お客様に撮影料を2万円いただく場合、僕は3倍の価値を提供するよう心がけます。

もしそれで、お客様が6万円の価値があると感じてくだされば、「本当に2万円でいいんですか？」という気持ちになり、「あの写真館本当にいいよ」「すごいよ！　おすすめ!!」という投稿につながるからです。

できれば、3倍の価値は、お金を使わないで提供できることを考えましょう。

写真撮影を依頼する場合、多くのお客様にとって、何らかの記念日である可能性が高いのです。そこからヒントを得て、3倍の価値を創造します。

僕なら、お子様の誕生日の撮影に、手書きの手紙とちょっとしたおやつをかわいくラッピングしてプレゼントします。

外での出張サービスでの撮影なら、事前に飲み物を購入し、季節に合わせて冷やしたり、温めたりして、撮影の合間に提供します。

あるいは、事前に説明していなかった、お客様の喜ぶサービスを提示するなど、誰がされてもうれしいサプライズを用意するようにしています。

このように、ちょっとした気遣いや努力が、いいねやシェアにつながるのが、SNS集客のおもしろいところです。

無料でお客様を集められるFacebookページのつくり方

Facebookは世界的に最もポピュラーなSNSの1つです。

大きな特徴として、**実名での登録がベースとなるため信憑性が高く、たった1〜2分あれば無料で作成**ができます。

個人アカウントなので、HPのようなお店をネット上でつくることが可能です。

商売を大きくするためにはお店が必要ですから、Facebookにアカウントを作成して、インターネット上のお店を開店させましょう。

最初は友達や同級生が、あなたの写真館をシェアしてくれるかもしれませんが、それで3年経営が続くかというと限界があります。

お店を成長させるためにも、**ネーミングは重要**でしょう。

例えば僕のお店は、

『出張撮影　フォトネイロ』
キャッチコピー：一生残る、一瞬を

個人事業主なので、店名をつけることには問題ありません。

このように名前を決めるだけで、見ている人は、「このお店はしっかりしたお店なんだ！」と認識してくれます。

お店はどこにあるのか、電話番号を記載するか、そういった個人情報は、書いても書かなくてもできますし、メッセージのやりとりが個人間でできるため、そこから依頼が入る場合もあります。

ただ、**レビュー機能を利用する**ことによって、普段の投稿を見てもらえるので、そういったところから接点をつくり、集客を増やすことはしても良いでしょう。

また、僕がFacebookが優れていると思うのは、**安価で広告が入れられる**ことです。24時間100円で広告が入れられるというサービスは、業界においてはとても画期的だったと思います。

しかも、個人アカウント取得の際に、個人の基本情報を入力するため、セグメントをかけた、**ターゲット広告を入れることが可能**です。

例えば、「現在29歳の婚約して半年以内の人で、結婚指輪に興味があり、この1週間以内に旅行に行ってる人。そして大阪の八尾市の徒歩10㎞圏内に住んでいる人」を指定し、広告を打つことができます。

カメラマンであれば、同じ手法で、二十歳を迎える方に成人式の前撮り撮影の広告を入れることができます。

同様に、七五三を迎えるお子さんを持つ親御さん、飲食店経営者、不動産や物件オーナーに向けた広告など、あらゆる方法でターゲティングが可能です。

無限の可能性を秘めたFacebookを活用すれば、あらゆる集客が実現します。無料で作成できますから、アカウントがない人は、今すぐ作成してみてはいかがでしょうか。

たった5分で完了！100円からできるFacebook広告のやり方

Facebook広告を実施するために必要なことは、次の2つです。

①個人アカウントを作成する。
②Facebookページを作成する（Facebookページは、個人アカウントがないとつくれません）。

以上です。

個人アカウントでは広告することはできないため、Facebookページを作成し（無料で複数個作成可能）、そこで試しに1つ記事を投稿すると、「投稿を宣伝する」といった意味合いの言葉が出てきます（Facebookはよく文言を変えるので、まったく同じ言葉ではない可能性があります）。

そこをクリックすると、いろいろ細かく設定ができるようになっています。

ここでは、重要な箇所だけを説明します。

ポイントは、日本語での入力だと判別してもらえない箇所が多いので、英語やローマ字で入力してみましょう。

①ターゲットの住んでいる地域を設定

↓ローマ字で地域を入力すると、その地域のみで広告を打つことが可能です。

②ターゲット層の選択で、趣味・関心・行動の追加

↓例えば、3〜5歳のお子様を持つ母親にだけ広告を打てば、七五三の依頼を受けやすくなります。

③年齢を絞る

↓19、20歳の女の子に成人式前撮り、あなたのお住まいの地域での結婚適齢期を検索し、その年齢に応じて結婚式前撮りの広告なども打つことが可能です。

④性別を絞る

⑤支払い通貨を日本円に変更（計算しやすいため）

⑥広告期間を選ぶ

↓最低1日100円から広告可能なため、7日間なら700円〜広告可能です。

⑦クレジットカードを登録する

↓クレジットカードでの支払いということは、実際の引き落としは1カ月後ぐらいとなります。そのため、大きく広告をかけて、お客様からは現金でいただければ、手元に大きなお金がなかったとしても、大きな利益を生み出すことが可能です。

僕の場合は、何度も広告を作成し、2018年には合計年間で4000万円Facebook広告費を使いました。

何度も低い金額でテスト広告を実施し、どれか良い反応が起きれば、その広告に一気にお金をつぎ込みます。それで、あり得ないほどの依頼へとつなげることに成功しました。

ポイントは、うまい広告をしているプロを徹底的にパクることです。

例えば、結婚式前撮り10万円キャンペーンの広告を打ち、広告費を10万円とした場合でシミュレーションしてみましょう。

その広告で5件依頼が来たら売り上げ予測は50万円となり、現金でいただいた場合は50万円を手にし、後ほどクレジットカードの支払い請求が10万円くることになります。

当たる広告さえ作成し、1回の依頼に対して平均的に何円使ったかを計算し、それが安定していれば、思いっきり広告を打ったとしても必ず黒字になります。

実際に僕は200万円の広告費で、4000万円売り上げたこともあります。

それは、手元に200万円持っていなかったとしても、200万円使えるクレジットカードさえ持っていれば、あなたにだって可能というわけです。

SNS集客で絶対押さえておきたいもう1つのこと――LINE@

前項でお伝えしたFacebookを作成すれば、あなたのお店（＝箱）ができます。

そしてこのSNS時代の中で、日本人が一番利用しているサービスは、圧倒的にLINEです。

通常のメールマガジンの開封率は現在5%以下と言われていますが、LINEは85%以上もあり、LINEにメッセージが入るだけで、多くの人は開封したくなる衝動に駆られます。

LINEは、チャットの一種です。

つまり、お客様と1対1でコミュニケーションがとれるプラットフォームとされています。

LINEでは、「LINE@」というLINE上のお店をつくることができます。

Facebook同様、LINEの個人アカウントを取得すれば、LINE@でもお店がつくれます。

便利なもので、FacebookからLINE@への誘導もできますから、ぜひこの2つは押さえておくべきでしょう。

LINE@の良いところは、チャットでのやりとりになるため、人との信頼関係を生み出しやすい点にあります。

例えばロボットが自動音声で、

「コノタビハゴチュウモンアリガトウゴザイマス。オキャクサマノコジンジョウホウノニュウリョクヲオネガイシマス」

と言われると、身構えてしまいませんか？

しかしLINE@であれば、LINE上で会話のようなやりとりが実現します。

これなら、お客様のライフスタイルに合わせる形で、子育てをしていても、電車に乗っていても、たとえ深夜でも、自分の都合でストレスなく返信できるでしょう。

小椋翔の LINE@

中には有料のものもありますが、LINE@の特徴は、一括送信やキャンペーン情報の掲載、自動返信機能など、サービスが充実している点にあります。

Facebookにしても細かい機能はたくさんありますが、どちらのサービスもインターネットで検索すれば見つかる情報ですので、本書では割愛させていただきます。

また、LINE@については、**僕のLINE@（@ogusho）**を登録してもらえれば、すごくわかりやすいと思います。

こんなふうに自動送信されて、こんなふうに自己紹介できて、こんなふうに人間を信頼できるようなサービスだということが、わかるのではないでしょうか。

小椋翔のLINE@はかなりおすすめです。

なお、このたび**「あり得ないほど依頼がくるLINE活用法」（PDFファイル）を無料プレゼント**としてご用意しました。詳細は本書最終ページをご覧いただき、**http://frstp.jp/camera**よりダウンロードしてチェックしてみてくださいね。

インスタグラマーの写真を無料で撮らせてもらう

集客がうまい人、うまくない人の違いは、目の前のお客様を、目前の目的で集客しようとするか、しないかです。

目前の目的で集客しようとする人は、たった一度で終わってしまいます。

集客がうまい人は、長い目で見て集客をしています。

ちょっとわかりにくいかもしれませんが、もっと簡単に言うと、**相手から依頼が来**

るという体制を整えている人が、集客のうまい人です。

以前にもお伝えしましたが、この手法を「ダイレクト・レスポンス・マーケティング」と言います。

これは、Facebook、LINE@、両方の集客に有力です。

自分から日本全国の人たちに連絡を取り、営業するとなると大変ですが、相手から依頼が来るという体制をつくるのは簡単です。

アメリカンホーム・ダイレクトの「お電話待っています」というCMをイメージしていただくとわかりやすいのですが、あのように表現することで、お客様から連絡がくる体制を整えればいいのです。

実は僕は、これまで一度も「写真を撮らせてください」とお願いしたことはありません。

常に**「小椋さんに写真を撮ってもらいたい」と言われるよう、体制を整え、依頼されるスタイル**を取ってきました。

こうすることで、より大きなビジネス、いっそう大きな個体で依頼が集まるのです。

目の前のことにフォーカスしなくなる分、いろいろなアイデアが芽生えるでしょう。

「カメラマン全力授業」の卒業生が考えたアイデアで、こんなことがありました。

それは、**インフルエンサーの写真を無料で撮らせてもらう**という方法です。

Facebookの子会社であるインスタグラムには、インフルエンサーと呼ばれる拡散能力のある人たちがいます。

インフルエンサーにはフォロワーが1万人以上いますから、その人たちにダイレクトメッセージを送り、「プロのカメラマンですが、無料で撮影させてください。もし気に入ってもらえたら、私のお店のハッシュタグと一緒にインスタグラムで投稿してください」とお願いしたのです。

すると、プロが撮ってくれる写真素材を無料でもらえるならと、インスタグラマーの何人かは「お願いします」と、お願いされる形で連絡をくれたのです。

インスタグラマーは無料でプロが撮影した写真が手に入り、カメラマンはハッシュタグで自分のお店を宣伝することができるという、正にwin-winの関係が成立します。

結果、そのインスタグラマーのおかげで莫大な収益が実現したことは、言うまでもありません。

このように、自分で拡散するのではなく、**大きな拡散力を持っている人につながる**

ことで、より大きな結果をもたらします。

「著名人と仕事する」「大きな集客力を持つ人と出会う」「ビジネス的知識を持っている人と一緒にコラボする」と、良い結果に導かれるでしょう。

そういう意味では、**カメラマンはコラボしやすい業種**と言えます。

「ビジネスが苦手」だとネガティブに考えるのではなく、より大きな世界に入って大きな結果を得ることで、カメラマンとしての自信にもつながるのです。

1杯のラーメンでもいかにおいしく撮るか

ＳＮＳを活用して集客している人の中で、ただ単に毎日の状況を投稿している人がいます。これは、とってももったいないことです。

ラーメン屋さんでラーメンを撮って、「このラーメンおいしい！」だけでは集客にはつながりません。

では、**毎日投稿し、それをどのように集客に結びつければいいのか。**

例えば、1杯のラーメンでも、どのようにおいしそうに撮れるかを考えるだけで、違うものが出来上がります。

湯気の上がり具合、麺の艶やかさを、写真でどう伝えられるか。店内のホワイトバランスを調整するのもその1つです。

たった1枚の写真でも、そこにはいろいろな技術が含まれ、その人の感性といったものも映し出されます。

ですから、その写真を添付して投稿するだけで、見ている人たちにメッセージを送ることができるのです。

あなたは感受性が豊かな人と豊かではない人がいたなら、どちらに撮影を依頼したいでしょうか。

多くの人が、感受性の豊かな人に頼みたい。そう思われるのが、カメラマンです。

「どんなものにも、一番美しく撮れる角度がある」と、僕は考えています。

例えばコップなら、真上から撮るのか、斜めからぼかして撮るのか。

「どんなものでも、お客様にとってうれしいと思ってもらえるような撮り方をしています」

とひと言添えるだけでも、すごく大きな集客につながることがあります。

たとえ10人しか見ていなくても、その1人が口コミで広めてくださったり、「こういう人なんだよ」と誰かに紹介してもらえたりします。

ただ単にある毎日の行動でも、そこに光を当てることができるのが、カメラマンにできる魔法です。

「毎日では投稿することがない」ではなく、「日常の中でも美しいことはたくさんある」と、そこにフォーカスして撮影し、SNSに投稿すれば、自然と集客につながるでしょう。

人は動いている人を応援したくなる——波の原理

「波の原理」とは僕の持論ですが、いつか本を出すときはこのことを書きたいと、ずっと思っていた思い入れのある言葉です。

人間は1枚の写真を何秒間眺めていられるでしょうか。

大好きな写真なら、ずっと眺めていられるかもしれません。

けれど、あまり自分に関係のない写真なら、どんなに美しい写真でも数秒間経てば、次の写真が見たくなりますよね。

でも、海の波って、ずっと眺めていられますよね。

何で海の波は眺めていられるのだろう?

そんなことを、海を眺めながら考えていました。

その海の波を写真に撮っても、何枚撮っても、なかなか納得のゆくものが撮れません。

「うまく撮れないな」「これじゃ感動が伝えられないな」なんてぶつくさ言いながら、動いている波を前に、静止している写真とは違う難しさを実感していると、ふと思いついたことがあるのです。

それは、

「人は動いているものに感情が動いたり、応援したくなったりする」

ということです。

例えば、1年間がむしゃらに走って何もその情報を公開していない人と、毎日ちょっと早歩きしながら、「毎日早歩きしています」と公開している人なら、毎日ちょっ

と早歩きしている と公開している人を、応援したくなりませんか？

そもそも毎日がむしゃらに走っている人がいることなど、知るよしもありません。

このように、人間は動いている人を毎日見ていると、

「この人頑張っているな」

「応援したいな」

「この情報、シェアしたくなるな」

「写真なんて撮りたいと思っていなかったけれど、この人、いつも頑張っているから、1回撮ってもらおうかな」

なんて人は思うのです。

だから、**常に動き続けることを、発信することを絶対にやめないでください。**

2017年、2018年と2年連続で世界のフォトグランプリを受賞された、日本のフォトグラファーにHASEOさんという方がいらっしゃいます。

本当に素敵で、幻想的な写真を撮られる方なのですが、実際に僕もお目にかかり、HASEOさんが365日毎日SNSに投稿されていることを知りました。

自分は頑張っているつもりでいましたが、世界一の人でさえこれだけ動いてる、表現しているのだと、改めて気づかされました。

そして、その日以来、僕はSNSに365日投稿するようになりました。

僕も動いている。だからたくさんいい話が寄ってきて、お客様からも依頼をいただけているんだなと思うようになりました。

皆さんも動いている事実をぜひ公開してください。

波の原理で、人の目に留まり、応援してもらえるカメラマンになれればと思います。

集客のプロが教える集客の6つのコツ

僕自身、貿易会社の流れでコピーライターとして、楽天ランキング1位を何度も取ってきました。

また、いろいろなマーケティングを学んだり、成功者と呼ばれるトップの方々からも直にお話を聞いたりしたことで集客法を学び、どんなビジネスにおいても結果を出すことが可能になり、現在「集客の天才」という集客コンサルも行なっています。
そんな僕が考えた、集客の6つのコツをお伝えします。

①集客は無限にある

「集客法はこれしかない」では、そこで制御が始まってしまいます。SNSで投稿するのも、道端で声をかけるのも、DMやセミナーを開くなど、あれもこれも全部集客です。

②比較しない

「あのときは、あの方法でうまくいった」など、何かと比べると自己否定が始まります。いいねの数やシェアの数を分析するのは大事ですが、誰かと、何かと比べて自己否定をするのが一番良くありません。比べることで、自信を失ってしまいます。

③何も期待しない

集客のコツは何も期待しないことです。

これは恋愛でも同じですが、求めるから、期待するから、傷つくのです。

あらゆる集客法を試し、広告を出し、自分はそれに適した努力を行なった、その行動に対価を求めると傷つきます。

例えば、「広告費に対し何件依頼が来ないと赤字」など、そうした気持ちが生じるなら、正直やらないほうがいいのです。期待は焦りや苛立ちにつながります。

④大切な人にフォーカスする

ＳＮＳで投稿する際は、キャンペーンやお得情報を載せてもなかなか拡散されません。ＳＮＳに投稿し、拡散されるコツは、「大切な人に向けて書くメッセージ＝手紙だと思い投稿する」ことです。

例えば、我が子や両親に対して、普段はなかなか言えない思いを綴るなど、そうした投稿が一気に拡散されやすく、いいねの数も自然と増えます。

僕の人生に大きな影響をもたらした書籍『7つの習慣』でも、「最も大切なことは、最も大切な人を、最も大切にすること」という教えがあります。

最も大切な人に向けたメッセージをＳＮＳに載せることで、良いエネルギーがまわりに影響を及ぼすでしょう。

⑤人気（ひとけ）があるところに、人は集まる

行列に並びたくなる心理と同じで、ＳＮＳでは人がたくさん写っている写真をアップすると、「この人って、いつもたくさんの人に囲まれているな」「たくさんの人から好かれているんだろうな」「きっとたくさん依頼がきているんだろうな」「私も依頼してみようかな」というふうに人間心理はなっていきます。

⑥人は動いている人に目を向ける

先ほどお伝えした波の原理です。

人間は、動いているものに対して感動を感じる生き物です。

つまり、365日のうち1回しかＳＮＳに投稿しない人と、毎日投稿する人とでは、集客に大きな差ができます。

毎日投稿している人のほうが、「いつもこの人、頑張ってるな」「いつもいい影響を与えているな」と感じるため、そう思っていただくことで依頼が増えます。

人は動いている人に目を向けることを、覚えておきましょう。

この6つの集客のコツを意識することによって、集客に悩まない事業が行なえるようになります。

一度も現場に出なくて仕事を取って来る人もいる

カメラマンという職業で誰もが陥るのが、自分がプレーヤーになってしまうことです。

カメラマン＝私でなければならない。

そう考えてしまう人が非常に多い業界です。

それでは、もし当日にインフルエンザにかかってしまったら、撮影をキャンセルしなければなりません。80歳になっても、あるいは一生涯できる仕事かと問えば、体力的に不安になるかもしれません。

そうした中で、**成功する人は、プレーヤーではなくオーナー、経営者、監督になる**という考え方をします。

実際に、僕が運営する「カメラマン全力授業」の生徒の中には、一度も撮影を行なったことがないのに売上を上げている人もいます。

というのは、授業の中で集客法をお伝えしているからです。

その人が写真館のオーナーになり、集客をし、受注した仕事をカメラマンに振ります。

集客する人（オーナー）、撮影する人（カメラマン）と役割を分け、収入を折半することで、お互いにwin-winの関係が成立します。

ここでポイントになるのが、**カメラマンには、そのお店のポリシーに基づいて撮影してもらう**ことです。

本来なら、業務提携を結んだほうがいいのですが、撮影枚数を守る、撮影したお客様と直接契約はしない、フリーのカメラマンでも、その案件についてはお店の人間として撮影してもらうなど、いくつかの約束事をきちんと交わしたほうがいいでしょう。

お客様からしてみれば、そんな裏事情を知る術はありません。

店名を名乗り、「プロカメラマンです」と自己紹介すれば、そのお店のカメラマンが来てくれたと思い、信頼するでしょう。

このように、オーナーとしての考え方ができるようになれば、**「すべての物事は、自分でやらなくてもいい」**ということがわかるはずです。

もし、毎月安定して利益が生み出せるようになったら、大学生のアルバイトに時給1000円で、1日20件SNSに文章を投稿してもらう作業をお願いすることもできます。

それが3時間で終わる作業であれば、日当3000円です。

けれど、もしそのSNSの投稿から、撮影依頼が5件入れば、アルバイト代の3000円を差し引いても収益が得られるでしょう。

このように、**経営者という意識を持つだけで、より大きなビジネスにつながります。**

スポーツと同じで、プレーヤーが一番楽しいようにも感じますが、経営者という立場で物事を見ると、より大きなwinが返ってくることもあります。

オーナーになる、オーナーとしての意識を持つ。それこそが将来カメラマンで生き続ける方法なのです。

カメラマン仲間を見つけよう

前項でお話ししたように、自分が集客しなくても集客してくれる人がいる。撮影しなくても、撮影してくれる人がいる。

ビジネスを行なう上では、**同業者の仲間がとても大切になってくる時代**だと思います。

機材の貸し借りや売買にしても、新規顧客のつかみ方、売上の立て方も、仲間がいれば、いろいろな方法を共有し合い、新たに生み出すことも可能です。

同業種では、競合他社と考える人もいますが、そうした考え方は、狭い世界で生きていることだと後々気づくのではないでしょうか。

というのも、僕はいつだって、**世界中の75億人がターゲット**だと考えているからです。

ですから、その中のたった一人のお客様を他のカメラマンに奪われたとしても、１㎜もストレスは感じません。

だって僕は、その人以外の74億9999万人がターゲットだからです。そして、その74億9999万人のお客様を、カメラマン仲間でシェアしたいと考えています。

なので、**カメラマン仲間がいればいるほど、より大きなwinが自分に返ってくる**のです。

今はまだ、「カメラマン全力授業」の受講生は500名しかいませんが（2019年5月現在）、いつかもっと仲間が増えたら、飛行機を貸し切りにして撮影旅行に行くなど、いろいろなことをしてみたいと思っています。

カメラマンというつながりがあればあるほど、より幸せなものが形にできるのではないかと僕は考えます。

皆さんもぜひ、カメラマン仲間をつくってみるのはいかがでしょうか。

ちなみに僕の「カメラマン全力授業」に入れれば、カメラマン仲間が一気に増えたりもします（笑）。

「500円キャンペーン」の後は、他のカメラマンに仕事を振る

先にお伝えした「500円キャンペーン」はかなりインパクトがある売り込みのため、あり得ないほど多くの依頼がきます。

想像してみてください。

500円キャンペーンを投稿後、50件以上の依頼が入り、ほぼ同時にLINEにメッセージが入ったらどうでしょうか？

返信に対し、また返信が来るということを、何度もやりとりしていては、いくつ身があっても足りません。

中には、佐藤さんや田中さんといった同姓の方もいますから、それはもう、プチパニック状態です。

これを僕たちは、「幸せな悩み」と呼んでいます。

この「幸せな悩み」を少しでもなくすためには、**あらかじめお客様情報を入力してもらえるようなテンプレートを準備して、「500円キャンペーン」の告知**をしたほうがいいでしょう。

・当写真館の撮影予約の仕方
・撮影の流れ
・お客様の個人情報
・撮影のテーマ
・撮影人数

など、事細かにお聞きすることで、事前準備も変わってきます。

以前、家族撮影を依頼された際、僕は多くても5人ぐらいだろうと思い、撮影に出向きました。

するとお客様は、親族一同、合計20名くらいでいらっしゃったのです。

そのとき僕は、85㎜の単焦点レンズしか持っていなかったため、かなり距離間が必要となり、大変でした。

また、主役となる人物が男性か女性か、男の子か女の子か、月齢によってもアイテムが変わってきます。

この情報だけ揃っていれば、誰が行っても撮影できる。

それくらいお客様のことを理解できた状態で、お客様には「うちの写真館のカメラマンが行きますね」と返事をし、カメラマンには「こういうお客様の撮影をお願いします」と情報を共有します。

そうすれば、トラブルなくお互いが売上を上げることが可能になるでしょう。

前にも説明したとおり、「500円キャンペーン」は1枚のみ500円で提供できるサービスです。もし全データを提供する場合は、あらかじめ売上はカメラマンと折半にするよう、事前に連携を取りましょう。

そうすれば、お客様も、自分も、カメラマンもAllwinという状況が生まれます。

第5章

主婦でも1カ月で120万円稼げた

カメラマンになったら、まずマッチングサイトに登録

Uberの利用などに見られるように、現代はマッチングの時代と言われています。

実はカメラマンの業界でも、お客様と直接やりとりできるマッチングサイトがあります。

マッチングサイトの利点は、**サイトで広告を出してくれるので、自分が集客をしなくてもいい**点にあります。

登録には審査がありますが、技術や知識よりも、その人の人間性が問われると僕は思います。

実際に大手マッチングサイトを運営している社長さん数名にお会いし、お聞きした話でもあるのですが、**子どもが好きだったり、笑顔で元気で明るい、活発な印象を与える人のほうが、評価が高く審査も通りやすい**と言われます。

最近では、登録申請の名前から検索をかけ、SNS等をチェックするといったこと

もあるようです。

さて、そうした審査を通った後は、マッチングサイトの登録が必須です。

ここで重要になるのが、**お客様が一番ほしい情報を明確にし、依頼につながるプロフィールと顔写真を掲載する**ことです。

ご覧になる人のほとんどは、主婦などお子様をお持ちのお母さんです。そうした方々に、「この人なら全部任せられるな」と思われる設定が望ましいでしょう。

例えば僕なら、NHKの「おかあさんといっしょ」の、歌のお兄さんのような印象を与えるプロフィールを作成します。

お客様がプロフィールを見て好感を抱くのはもちろん、「やりとりが親切そうだな」「実力がある人なんだな」と一瞬で見て取れるようなものを作成しましょう。

ただ、**マッチングサイトは、あくまでも場数を踏み、経験値を上げるための場**です。

ゆくゆくは自分のお店を開いて、仲介なしにお客様と直接やりとりし、店舗を拡大するほうが得策であることをきちんと念頭に置きながらも、マッチングサイトがおもしろそうだと思った人は、すぐに行動することをおすすめします。

1日160万円売り上げた保育士さんの特別キャンペーン

これはカメラマン養成所「カメラマン全力授業」に入学した4期生の実際にあった話です。

養成所に入ってまず、3カ月間で手に入れたい目標を決めてもらいます。

その保育士さんは、当初カメラを持っていませんでした。機械音痴で、スマホもパソコンも使えません。

けれど、彼女が掲げたのは、「3カ月間で100万円を売り上げる」という目標でした。

そして、卒業式前日。

彼女はまだ、目標額には50万円足りていなかったのです。

そんな彼女が取った行動は、**「助けてください！」とFacebookに投稿する**ことでした。

そこには長文で、養成所に入り目標を掲げたこと。卒業を控え、まだ50万円売上げが足りないこと、そしてどうしても達成したいという本音を、すごく情熱的に書き綴ったのです。

すると、投稿直後からいいねとシェアが止まらず、依頼がバンバン入ってきたのです。

翌日の卒業式中にも依頼が止まらず、なんとそこで目標を超える100万円を突破。式後には予測売上が160万円を超え、**彼女はたった24時間で160万円を売り上げることに成功**しました。

このように、人間、覚悟があれば、1日でも人生が変わります。

「自分は絶対に目標を達成するんだ」と決断すれば、人生は必ず変わり始めるのです。

お金がないという人も、覚悟を持ち、決断すれば、必ずあなたが望むものが手に入ります。

もし、その望むものが手に入っていないとすれば、その理由は1つだけ。

あなたが何らかの障害をそこに持っているからです。

ただあなたが、その障害に抵抗しているだけなのです。

あなたが望むものに本気を出せば、必ず手に入ることを信じて、一度行動してみてください。

さて、この保育士さんですが、現在は保育士を辞めて、カメラマン養成所で出会った、しかもカメラマン経験0日から成功した男性とお付き合いし、結婚が決まりました。

なんとお腹には赤ちゃんもでき、幸せな毎日を送っています。

小学校の先生が卒業式の日に目標達成

これもカメラマン養成所の6期生の受講生のお話です。

カメラマン養成所には、公務員の方もたくさん受講されているのですが、実は公務員でも、合法的に売上を上げられる方法があります。

「公務員でも合法で副業ができる」といった内容を講義するセミナーなどがあり、カメラマン養成所でも、そのセミナーを受講した卒業生が、講義したりすることもあります。

この小学校の先生は、日本の教育に対し思うところがあったようで、教育に対し、僕たちと一緒に学びたいと言っていただき、3カ月間一緒に学びました。

受講生である先生にも、入学初日に目標を設定してもらいましたが、卒業式を迎えてもなお、目標達成ができていませんでした。

あきらめきれないながらも、卒業式に参加した先生でしたが、その気持ちを抱えたまま卒業パーティに出席。一人、浮かない表情を見せていました。

そこに、ある1本の電話が入ります。

それは、学生時代の友人からの電話でした。

目標に届かず、途方に暮れている先生のことを知り、連絡をくれたのです。そして、「残りの金額全部を俺が払う。だから生涯、お前が俺や家族の写真を全部撮ってくれ」

と打診したのです。

先生は、ボロボロと涙を流し、友人に感謝の気持ちを伝えました。

この人間のお金に替えられない気持ち、感動という、感じて動く思いには、ものすごいエネルギーが秘められています。

そしてその感動が、自分が想像もし得ない結果へと導いてくれるのです。

このお話は、明確な目標を掲げることによって、そのエネルギーがまわりにも及ぼした結果です。


最後まで決してあきらめないこと。


最後の最後の最後まであきらめなければ、あなたが望むものが手に入ることを、先生を通して僕は学ばせていただきました。

先生はその後、目標を達成した人にしか見えない人生を送っています。

IT企業の社長とビジネスクラスでハワイで撮影

これは、カメラマン養成所3期生の男性のお話です。

カメラマン養成所では、「手段は無限にある」と授業でお伝えしています。

カメラマンとして売上を上げる手段は1つしかないと、そこで終わってしまいます。

マッチングサイトを利用して集客するのも、「500円キャンペーン」を行なうのも、1つの手段にすぎません。

しかし、常に手段は無限にあると考えると、いろいろな手段が生まれます。

さて、その3期生の彼には、小さな頃から通う美容室がありました。美容室のオーナーとは大の仲良しで、ビジネスの話が好きなオーナーに、「カメラマン全力授業」というカメラマンの養成所に通っていることを話しました。

すると、オーナーがその話に興味を抱きそうなIT企業の社長さんがいるからと、紹介してくださったのです。

案の定、社長は「おもしろい！」と興味を示し、写真を見せてほしいと言ってくださいました。

そして写真を見せると、「君、すごいきれいな写真を撮るね。もし良かったら、今度家族旅行でハワイに行くから撮影するためにきてくれないかな？」と、直々にお声がけがあったと言います。

二つ返事でお受けした彼は、ビジネスクラスの飛行機のチケットを渡され、ハワイでは高級ホテルに滞在することになりました。

また、撮影ではドローンを使用してもらいたいと依頼されたため、未経験ながらも「できます！」と即答し、そのドローンも購入してもらったそうです。

実際、帰国後にハワイに行って撮影した写真を見せてもらいましたが、すごく素敵な写真ばかりでした。

初体験となったドローン撮影も、感動的な仕上がりになっており、社長さんにもとてもご満足いただけたという話でした。

このような案件はまれですが、カメラマンは場所と時間とお金に悩まず、好きな場所で仕事ができます。

この案件だけでも、1カ月は悠々と暮らせます。カメラマンは無限の可能性を秘めていると、改めて教わった1件でした。

レンズが1つしかないのに走り回ったカメラマン

実はこれ、僕の話です。

オートしか写真の撮り方がわからないのに写真館をオープンした僕は、パンケーキレンズという、広角の薄いパンケーキのようなレンズしか持っていませんでした。

パンケーキレンズでも、安くてとてもいい写真が撮れるのですが、それしかないのにもかかわらず、結婚式の撮影依頼がきたので、いつものとおり「私なりに全力で撮ります！」とお返事しました。

そして、「いつも撮っているのはこの写真です!!」と、パンケーキレンズで撮影したサンプル写真を提示したところ、依頼してくださった新郎新婦さんは「ぜひお願いします」とおっしゃってくださいました。

そして、結婚式当日。

パンケーキレンズとカメラ1台で、ストロボも持たずに会場に向かいました。

そんなカメラマン、日本中どこを探してもいません。結婚式業界ではあり得ない、そんな状況です。

しかも式場には、親族の方が僕よりも上位機種のカメラを持ち、いいレンズでストロボをたき、撮影している姿がありました。

誰がどう見ても、その親族の方のほうがカメラマンっぽいわけですが、僕にはそれ以上の情熱、そして「絶対にお客様を満足させる」という強い気持ちがあります。

「結婚式はこの機材で、こう撮らなければならない」という、その枠にとらわれる必要はないのです。

誰がどう言おうと、依頼主は新郎新婦様のお二人です。

お二人を満足させるのが、僕のミッションです。

そこにフォーカスすれば、あとは全力で取り組むのみです。

パンケーキレンズではズームできないため、入場と言われれば、ドアの前にスタンバイ、集合写真を撮るとなれば、一番後ろまでダッシュです。

ゲストに迷惑をかけないよう、右往左往するうちに、何とか無事に撮影は終わり、後日その出来上がりにご満足いただけたことは、言うまでもありません。

そのご夫婦とは、その後もマタニティフォト、ニューボーンフォト、お宮参りに1歳のバースデイ撮影と、末永いお付き合いをいただいております。

「レンズが1つしかないから撮れない」

「結婚式の撮影をしたことがないから撮れない」

ではなく、**依頼主を絶対に満足させるとフォーカスした**ことで、結果リピートを得ることができました。

バッテリーを忘れたカメラマンのとっさの対応力

「カメラマン全力授業」の卒業生に、カメラのバッテリーを自宅に充電したまま現場に行ってしまった生徒がいました。

さぁ、いざ撮影開始！

あれ？　電源が入らない……。

ハッ！　家の充電器に差しっぱなしだ!!!!!

そう、彼はカメラマンとして絶体絶命のピンチを迎えたのでした。

けれど、「カメラマン全力授業」の中で、**どんなピンチも必ずチャンスに変えられる**ことを知っていた彼は、瞬時に切り替え、ポケットからおもむろにスマートフォンを取り出したのです。

「お客様、このたびは当写真館に撮影をご用命くださり、誠にありがとうございます。

実はカメラの電源がつかないことに気づきました。普段は一眼レフでも撮影しているのですが、スマホで写真を撮るカメラマンとしても活動しています。過去にも、このような撮影を行なってきたので、ぜひご覧ください（サンプルをお見せする）。もしお気に召さなかった場合、料金は結構ですので、スマホでの撮影をお許しいただけませんか？」

そう正直に打ち明けたところ、お客様は了承してくださいました。

そして、彼がスマホでもできる限りのことを行ない撮影した結果、お客様にご満足いただける出来上がりになったのです。

「カメラマンはカメラがなければいけない」という考えは皆さんの概念であり、大事なのは、お客様を満足させることです。

そのためには何をすればいいのか、その結果取った彼の行動が、ピンチをチャンスに変えたのです。僕はどんなピンチもチャンスと切り替えられる能力を備えることが、人生の成功の秘訣と考えています。

地元のFacebookグループに「はじめまして」と売り込む

スマートフォンで、Facebookのアプリを起動してみてください。

上部の検索窓で、**あなたの住んでいる地域の名前**を入れてください。

そうすると、投稿、人物、写真、動画、ページといろいろな項目が出てきて、グループという項目があります。

その**グループに参加させてもらい、承認してもらいましょう。**

例えば、僕は八尾市に住んでいるので、八尾市のグループに入り、こんな投稿をします。

「八尾の皆さんはじめまして。私は八尾に住んでいる小椋と申します。この地域が大好きで、この地域の発展を願って、この地域で写真を撮影するサービスを開始しました」

すると、そこからたくさん依頼がいただけるようになります。

地域によってグループ数は異なりますが、このように、「カメラマン全力授業」でお渡ししている僕がつくったテンプレートを投稿するだけで、どんどん依頼が入ってきます。

通常、新聞に折り込みチラシを入れてもらうには、ウン万円の料金が発生します。しかし、Facebookを利用して、このように日本全国に投稿を繰り返せば、**何千、何万人という人に、無料で集客が行なえる**のです。

例えば、沖縄県のグループに投稿し、沖縄に旅行がてら仕事の依頼を受けることもできます。もちろん、先に旅行の日程を決めてから、期間限定でキャンペーン撮影依頼を募集することもできてしまうのです。

卒業生には、そうやって全国をレンタカーで北上しながら旅と撮影を楽しむ人もいます。

僕なんかは普段、大阪にいるので、「北海道にそんなカメラマンが来る」となると箔がつき、依頼が重なることがあります。

あらかじめ**「5件依頼が入ったら締め切ります」**とアナウンスして、1件2万円、5件で10万円の売上が立った時点で実行に移すということも行なっていました。

先日はなんと、同じ手法で海外のグループに投稿して撮影依頼を受け、海外旅行を楽しみ、お金が増えて帰って来るという受講生もいたほどです。

全国のみならず、世界中どの地域でも集客し、旅行しながら撮影して、売上を上げられるのがカメラマンです。

もし、案件が増えてしまい行けない場合は、断るのではなく、卒業生同士で仕事を分け合い、売上を半分ずつにすることで、共にwin-winの関係性を築くことが可能です。

個人で起業してもなかなか仲間はできませんが、「カメラマン全力授業」に入れば、日本各地のカメラマン５００人以上と一気に仲間になれます。

第6章

稼げるカメラマン、稼げないカメラマン、何が違う?

「できる、できないか」ではなく、「やりたいか、やりたくないか」で仕事を受ける

僕は「できる、できない」で判断する人を、グー、チョキ、パーの、グーの頭の人だと感じます。

グーは、パーからできています。

パーは、ハイタッチしたり、握手したり、ペンを握ったり、食事をしたりと、いろいろなことができます。

けれどグーは、人をパンチしたり、ドアをノックしたりといったことしかできません。

それなのに**多くの人は、このグーで物事を考えがち**です。

「私には無理」

「私にはできない」

「どうせ私なんて」

これらの発想は、頭の中が縮こまった、グーの形状をしているのです。だから行動を伴わないのでしょう。

本来、**人間はパーで生きられる**のです。

人は頭をパーにした途端、「何でもできるんだ！」に発想が変わります。

パナソニックの松下幸之助さんは、最初、11億円の個人借金を背負っていました。

松下さん自身、生涯の半分は寝たきり。小学校中退で学歴があるわけではありません。

それでも、考え方を変えて、約5000億円の資産を生み出し、たくさんの幸せを与え、世の中に明かりを灯すことができました。

決して、「できる、できない」というレベルで考えていたわけではないと思います。

松下さんは、**「やりたいか、やりたくないか」で判断**していたのでしょう。

この「やりたいか、やりたくないか」で物事を判断すると、自分がやるべき項目がすごく明確になります。

カメラマンでもそうです。

個人事業主として起業すると、「何でもやります」と言う人が多いですが、それでは1カ月の売上目標に到達しづらい案件もあるでしょう。

「No deal! =取引をしない」という選択肢も、そこにはあります。

この案件はお受けする、断る。

それは、自分で正解を決めることですし、判断することです。

その仕事をやることによって、自分の人生の目的や目標が達成しやすくなるか。

そこで判断すれば、1つの結果につながっていきます。

ちなみに、僕が判断に迷ったときは、こんなふうに自分に問いかけます。

「100歳の僕から見たとき、この判断は合っているか、間違っているか？」

平均寿命が延びている今、僕の時代の平均寿命は100歳だと言われています。ですから、100歳、死ぬ間際の自分から見て、36歳の今の僕の選択は果たして正しいと言えるのか。

いつもそう問いながら、僕はやりたい仕事をさせていただいています。

あなたは自分の思うように、好きな人生を思い切り生きたいですか？

そういう人生を、生き抜いてみませんか？

全力で、人生を生き抜いてみませんか？

儲からないカメラマンは、技術を磨こうとする

カメラマンが本屋さんに行くと、カメラの技術を磨く本を探す人がいます。けれど、**本来探すべき書物は、カメラの技術を磨く本ではなく、ビジネス書**ではないでしょうか。

カメラマンとして生計を立てるなら、お金を稼ぐ、儲かるためのテクニックを知る、経営の本を読むべきです。僕の「カメラマン全力授業」では、皆さんにビジネスの本を読むようにお伝えしています。

僕はこれまで、技術を磨いて磨いて磨いて、困っているカメラマンをたくさん見てきました。

あなたは、クオリティの高いカメラマンの名前を、今すぐ10人挙げられますか？

では、誰でもいいので、芸能人の名前を10人挙げてみてください。

カメラマンの名前は出てこなくても、芸能人の名前であれば、すぐに10人挙げられ

るかと思います。

そう、世間一般の人は、クオリティの高いカメラマンのことなど、ご存じないのです。

お客様からすると、カメラマンのクオリティよりも、自分が満足する写真を撮ってくれるほうが重要なのです。

すなわち、**カメラマンとして儲けるためには、技術を高めるよりも、お客様が満足するクオリティを高める**必要があります。

日本人は、先に資格を取得してから行動するなど、技術を磨かないと一人前になれないといった考えを抱きがちです。その気持ち、僕も日本人なので、とてもよくわかります。

けれど、お客様からしてみれば、満足できる写真を撮ってくれるカメラマンなら、カメラマンとしてのクオリティが高かろうと、低かろうと、関係ないのです。

僕自身、カメラ経験はほぼなく、オートでしか撮れないのに3万円のカメラ1台で写真館をオープンしました。初めての結婚式の撮影は、パンケーキレンズしかないのにドンとお引き受けしました。

僕はいつも、**「目の前のお客様を満足させよう」**。

そこに全力を注いできました。

だからクレームになることなく、むしろリピーターが増え続け、写真館も継続できています。

技術うんぬんではないのです。

儲からないのは、技術がないからではありません。ビジネスを知らないだけです。

儲かるカメラマンは、どんな本を読んでいるのか？

では、儲かるカメラマンは、どんな経営の本を読んでいるのでしょうか。

書店に行くと、ビジネス書ランキングといったコーナーもありますが、店頭に並んでいるものの多くは、今の時代に合った、ビジネスの基本が記されたものばかりです。

僕もビジネス書をはじめ、いろいろなジャンルの本を年間１００冊以上読んでいますが、**世界中の成功者に愛されている本は、何十年、何百年と同じ**です。

そこには、目先のことや薄っぺらい外側のビジネスではなく、ビジネスの本質、根本の部分をしっかり育てる内容が記されています。

中でも、僕自身をカメラマンとして成功に導いてくれたのが、スティーブン・R・コヴィーさんの『7つの習慣』です。

この本によって、僕の考え方はすべて変わりました。

同書では、「人格主義の土台となるのが、時代を通して変わらない軸となる原理原則だ」と唱えており、激動の時代だからこそ、多くの人たちが変わらない軸を必要としているといったことが記されています。

また、コヴィーさんは、過去200年の書物をさかのぼり、成功について研究しました。その結果、成功する人間には7つの習慣があることがわかったと言います。

そして、今日に至るまで、原理原則について、それ以上の自己啓発本を書くことはできないとし、人はこの7つを習慣化するだけで成功に導かれると説いています。

僕は本書を、人生の教科書とし、何度も読みました。

この7つの習慣は、カメラマンに限らず、すべてにおいて置き換えることができます。たった7つの習慣を意識するだけで、儲かるカメラマンになれます。

ぜひ皆さんも、一度読んでみてはいかがでしょうか。

カメラマンの技術を高めるよりも先に、最初にこういったビジネス書を読むことをおすすめしています。

なぜほとんどのカメラマンは稼げないのか？

日本人の特性か、自己投資貧乏に陥る人が数多くいます。

例えば、プロカメラマンになろうと思ったら、カメラマンの専門学校に通ったり、有名なカメラマンのアシスタントとして活動したり、あるいはカメラマンの資格や検定があろうものなら、それを取得してから事業を始めようと考える傾向にあります。

しかし、「カメラマン専門学校を卒業した小椋翔です。何でも撮影します！」とSNSで投稿しても、依頼は来ません。

そこで、まだ知識や経験が足りないからと、3年下働きで有名カメラマンのアシスタントをしたとします。

そして、「カメラマンの専門学校を出た後、プロカメラマンの◯◯さんの下で3年カメラを学ばせていただきました小椋翔です。撮影依頼お待ちしています！」と再び投稿しても、まだ依頼は来ません。

そうか、今の時代、動画も撮れなきゃダメか！

と、さっそく動画撮影セミナーに参加し、数カ月高額な受講料を払い勉強してSNSで告知しても、やっぱり依頼は来ません。

知識を学ぶことで、自信につながるかもしれません。

けれど、手段に依存する考え方をしていれば、結果、時代が変わりゆく中で、そのカメラがないと生きられない状況に陥ります。

そもそも、ビジネスと知識は別物です。

知識が高まったからといって、ビジネスがうまくいくわけでも、スキルが上がるわけでもありません。

では、知識、スキルはどのように上げたらいいのでしょうか。

それは、**目の前のお客様を満足させることに尽きます。**

それを学ぶために、僕が運営するカメラマン養成所では、カメラを学ぶより先に、撮影依頼をいただく流れをつくっています。

お客様から依頼がくると、どうするか。

皆さん必死で知識とスキルを吸収しようとします。

僕自身、初めてブライダル写真の依頼が来たときは、やったことがないのにもかかわらず、そんなことはおくびにも出さず、「やりましょう。撮影に行きましょう。私なりの全力で」と、会場に向かいました。

当時、フルサイズのカメラを持っていなかったので、どうしたかというと、まずは徹底的に結婚式のルールを勉強しました。

結婚式には介添え役がいて、プランナーさんがいて、どういう立ち位置で、どのタイミングで指輪の交換があって、人前式、神前式、いろいろなパターンがあるのか……。それによって、撮影してもいいところ、ダメなところがあるのか……。そんなことを、事細かに学び当日を迎えました。

驚いたのは、先にも触れましたが、親族の方に、僕よりも性能の良い高級なカメラを持っている人がいたことです。

しかし、僕はそのとき、人と比べて自己否定するのではなく、ご依頼くださった新郎新婦さんを満足させることに徹底しようと決めたのです。

安いカメラでしたが、結果的にお二人には喜んでいただき、後に妊娠した際は、妊婦フォトを、出産後はニューボーンフォトやお宮参り、お食い初め、ハーフバースデイと、お子様の成長に合わせて撮影依頼をしてくださいます。

このように、**ビジネスと知識、スキルは別物と考えることによって、カメラマンは稼ぐことができます。**

そのためにも、まずは**完璧主義を捨てる**ことが大切です。

自分の作品をつくるにあたって完璧であることは素敵ですが、それよりもお客様をいかに満足させるかに完璧であることにフォーカスすることが、カメラマンとして生活する上でものすごく大切なことになっていきます。

自分のパッションが下がっているときには、仕事をしてはいけない

自分の感情が低下しているときに、何をやっても空回りすることは、皆さんにも経験があるかと思います。

ここでは、なぜ自分のパッションが下がっていると、うまくいかないのか。そのメカニズムを説明します。

人生は大きく分けると、以下5つに分けることができます。

・お金
・時間
・人間関係
・健康
・感情

この5つは切っても切り離せない関係です。

例えば、愛する人、妻や友達がいたとします。

人と人ですから、人間関係はもちろん、お金、時間、健康、感情、すべてがかかわってくるでしょう。仕事においても然りです。

そうやってあらゆる物事を考え分析すると、**ある1項目を最初にコントロールしな**

い限り、その他がコントロールできないことに気づけるのです。

それは、「感情」です。

お金、時間、人間関係、健康をコントロールしても、感情はコントロールできません。

けれど、最初に感情をコントロールできれば、その他すべてはコントロールできるのです。

すなわち、**自分の感情をコントロールできれば、すべてが手に入る**ことを意味します。

最初に感情をコントロールするのが、より良い人生を送る秘訣です。

では、感情はどのようにコントロールできるのか。

世界Ｎｏ１コーチングとされるアンソニー・ロビンズさんは、こう言っています。

「感情は、身体の使い方、焦点、言葉の使い方の3つからできている。その中でも身体の使い方が最も大きく、感情をつくり出している」

簡単に言うと、相撲選手は試合前、感情を高めるために身体を叩きます。握手やハイタッチを想像するとわかるかと思いますが、人は手に触れることで感情が高まる生き物であるため、より大きな力を生み出すために、相撲選手は身体を叩き、自分を鼓《こ》舞《ぶ》して感情を高め試合に臨み、結果を得ようとするのです。

身体の使い方、焦点、言葉があれば、うつ病だって治せます。

うつ病というと、猫背でうつむき加減に、斜め下を見ているような印象を受けますが、すごく簡単にうつ病を治す方法があります。

それは、スキップしながら斜め上を見て、「私はもう、うつ病ではない」と口にすることです。

できれば、人が多い場所でやると、自然と憂鬱《ゆううつ》な気分は吹き飛びます。また、1人ではなく、気の置けない人と一緒にやることをおすすめします。

これは先ほどの相撲選手と同じで、**身体を使うこと＝スキップする（スキップして悲しい感情は生まれづらい！）ことで、良いエネルギーが生まれる**からです。加えて、焦点が上向きになり、これまでとは見る景色が異なることも、良い感情が生まれることに寄与しています。

つまり、世の中の人たちは、自分の感情がコントロールできていないまま行動を起こそうとするため、その行動が失敗を招いているのです。

そもそも行動は、先に行動から開始するのではなく、**感情をコントロールした上で行動すると良い成果に辿り着く**という結果になっていきます。

「感情」←「行動」←「成果」

感情をコントロールした後に、必ず行動を起こさないと成果はありません。
そうすれば、あなたも稼げるカメラマンになることが可能になります。

副業カメラマンとして成功に導くサイクル ――TEFCAS（テフカス）の法則

皆さんは不思議に思ったことがありませんか？

日本語は、世界的にも難しい言語と言われています。それなのに、子どもでも、うまく滑舌を使い、平仮名、カタカナ、漢字さえも使い分けてしゃべるのです。

しかし、外国の方が大人になってから日本語を学んでも、子どもたちのようには習得できません。

なぜ、子どもと大人では物事の習得が異なるのか。

これを説明するために、「テフカスの法則」をお話しします。

僕はこのテフカスの法則を知ってから、人生が激変しました。

ＴＥＦＣＡＳ（テフカス）には、以下の意味があります。


T……Trials（Try-all）　まずは挑戦。

E……Events　出来事を実行。

F……Feedback　経験して感じること。おさらい。

C……Check　観察。

A……Adjust　調整する。チェックの結果をふまえて次回の改善策を練る。

S……Success　大成功！

イギリスのトニー・ブザンという人が考えたテフカスの法則は、**テフカスを円に描いて、繰り返すことで成功を得る**という理論です。

成功者は、「テフカスを回すのが速い」と言われています。

例えば、5歳児が初めて自転車に乗るとします。

「自転車に乗ってみよう！」と挑戦（Trials）し、実行（Events）します。しかし、転んでしまいました（Feedback）。「どうしてだろう?」と観察（Check）します。そして、「次はもっとこうしてみよう！」と調整（Adjust）した結果、見事、自転車に乗れるように＝成功（Success）。

5歳児は、このテフカスの法則を、成功者と同じくらい高スピードで行なうことができます。

ですが、**大人はテフカスの2つの項目「Trials」と「Feedback」が難しいと言われています**。

日本では、成人の80％の人たちが、何かを挑戦しないと言われています。

例えば、100人の人が「英会話を学びたい」と思っていても、そのうちの20人しか行動を起こさないのです。

しかし、英会話を始めた20人ですら、Feedbackの部分でマイナスの感情に陥ってしまうとされています。

「私には英会話は無理」

「お金も時間もかかるし、もうやめよう」

そうなると、次のCheck、Adjustには行けないため、テフカスのサークルから外れ、成功ルートからも外れてしまうのです。

ですが、**Feedbackの段階で、プラスな気持ちに置き換えられれば、Successの方向に進むことができます。**

昔の人たちはすごいですよね。

「ピンチはチャンス」という言葉があります。

「カメラマン全力授業」でも、「必ずどんなピンチもチャンス！」と言うようにしています。

人生で一生使える考え方ですので、常にテフカスの法則を考えてみてはいかがでしょうか。

ピンチはチャンス！解決策は無限にある

テフカスの法則でも紹介したように、「ピンチはチャンス」と捉えられるようになることで、それが瞬発的に、そしてスピードが速くなればなるほど、習慣化されればされるほど、人生は成功に導かれます。

そのため、僕は普段から**物事のピンチをチャンスと考えられる引き出しを増やす努力**をしています。

例えば、カフェで隣の人がコーヒーをこぼし、僕にもかかってしまいました。

もしここで「最悪だ」とピンチをマイナスに捉えれば、嫌な気持ちのまま終わってしまいます。

しかし、成功者はこれをチャンスと捉え、「うれしい」「楽しい」最高の出来事と置き換えフォーカスすることで、人生を成功に導いていくのです。

それで言うなら、コーヒーをこぼされても、「隣の人と仲良くなれるチャンス」とプラスに捉えれば、「大丈夫ですよ」と返答した上、「実は僕、カメラマンをやっていまして、もし良かったら、何かお手伝いさせてくれませんか？」とお客様を増やすきっかけになるかもしれません。

「カメラマン全力授業」の卒業生にも、カメラを盗まれた生徒がいましたが、その子はピンチをチャンスにする引き出しを持っていたため、**「やった！　これでほしかった新しいカメラが買える！」**とフォーカスし、新しいカメラでたくさんのお客様を笑顔にすることができました。

また別の生徒は、ＳＮＳで集客していることを、周囲から叩かれてしまったと言います。けれど、落ち込むよりも先に、**「自分は叩かれるくらい有名になったんだ！」**と思えたことで、マイナスの出来事もプラスに変えられたと言います。

このように、自分の引き出しを用意しておけば、瞬時に反応を変えられるのです。

カメラマンをやっていると、クレームに遭うこともあるかもしれません。

けれど、マイナスに陥らずプラスに置き換えて、「これはチャンス！」と捉えることで、成功に導かれます。

どんなピンチもチャンスに、解決策は無限にあると考えることをおすすめします。

お客様の要望をよく聞けば、9割うまくいく

ビジネスがうまくいかない人たちの共通点は、自分の商品、自分の価値観を前面に出していることです。

そもそもビジネスは、問題を解決するために生まれました。

ビジネスの基本は、問題提起にあるのです。

そして僕は、ビジネスのことを**「ありがとうの数」**と呼んでいます。

お客様から「ありがとう」と言ってもらえるようなことができているか。そう考えると、ビジネスはお客様が主体であることに気づきます。

つまり、お客様の希望を徹底的に聞けば、そこにたくさんのビジネスチャンスが、そしてたくさんの収益があるのです。

ここでポイントなのは、**「お客様を説得しようとしない」**ことです。

お客様を説得することは不可能ではありませんが、それをするくらいなら、お客様

の立場になり、お客様が思っていることを話したほうがビジネスはうまくいきます。

これまで僕は、お客様の要望を聞いて、爆発的なヒットをいくつも生み出しました。

例えば、「スタジオに行くと、うちの子は笑ってくれない」「子どもを3人も抱えて撮影に行くのは大変」といった声を耳にして、出張撮影を始めました。

「七五三に手ぶらで行けたら楽なのに」という声から、神社に手ぶらで来ていただき、そこで着替え、撮影をするといったサービスを行ないました。

このように、お客様の要望をよく聞けば、ビジネスの9割はうまくいくのです。

ぜひあなたも、お客様の立場になって、お客様の思っていることを提言してみてください。

需要が急上昇している「動画カメラマン」

昨今のSNSの投稿を見ていてお気づきかと思いますが、最近は動画広告、動画投稿が主流になりつつあります。

ポケットベルから始まり、PHSやモバイルフォン、そしてスマートフォンの登場もそうですが、新聞や書籍、雑誌といった紙媒体からデジタル媒体へと、インフラが整うと同時に、進化を遂げています。

写真も同じで、インターネットが普及したことで動画となり、その先にはVRが待ち受けています。

ただ、写真が淘汰されるかと言えば、決してそのようなことはなく、写真だからこそ表現できる世界が必ずあると僕は考えています。

とはいえ、どんどん動画の世界は広がっていきますし、写真よりも動画のほうが情報が行き渡りやすいという利点もあります。

以前はGoogleやYahoo!で検索し、そこから関連動画へと辿り着くという検索方法が主流でしたが、今はYouTubeのアプリを開き、検索すれば、ボタン1つで自分がほしい映像を入手することができます。

今や動画こそ、最短でほしい情報が手に入る時代なのです。

そのため、**「動画カメラマン」の需要は年々上がっています**。

しかし、この需要に対して「動画カメラマン」の数は、決して多いわけではありません。

カメラマンの中には、やってもいないのに、「写真よりも動画のほうが難しい」と感じている人が多く、時代の速さに追いついていけない人もいます。

ですから、この**「動画カメラマン」を志すことに、チャンスが眠っている**でしょう。

事実、うちの写真館でも動画依頼や動画案件は増えていますし、「カメラマン全力授業」の卒業生でも、動画をメインに行なったことでビジネスを成功させている人がたくさんいます。

一眼レフカメラで動画を撮影するから映るきれいな世界もありますから、ぜひ一度「動画カメラマン」というフォーカスも入れてみてもいいと思います。

第7章

「また撮って」と言われるファンづくり

——リピーターにする技術

0歳児は「ぱぴぷぺぽ」で、3歳児は「風船」で笑わせる

カメラマンにとってお客様を笑顔にさせること、それは大切な技術の1つです。

僕はお客様を満足させるために、あらゆる年齢、性別に応じて笑わせる方法について、たくさんの学びを得ました。

例えば0歳、生まれて間もない赤ちゃんは、まだ言葉で理解しているわけではないため、**「新生児微笑」**という本能的・無意識的に起こる微笑みを見せてくれることがあります。

ちゃんと手を洗った後で、**赤ちゃんの口のまわりの筋肉をちょんちょんと突いたり、唇に触れる**と、口の筋肉がピクッと反応し、ニコッと笑ったように見えるので、その瞬間にパパッと写真を撮ると、生まれたての赤ちゃんでも笑顔の写真が撮影できます。

生後2カ月くらいになると、**「社会的微笑」**という周囲の刺激に対する反応として起こる微笑みを見せてくれます。微笑みを見せたり、この頃から1歳児くらいまで喜

ぶ**「ぱぴぷぺぽ」の音を鳴らしたりする**と笑顔を見せてくれるので、「パッパッパッ」など音を発しながら、反応したその瞬間にシャッターを切ると、素敵な写真が出来上がります。

そういうふうに、どうしたら人間が笑うのか、そのメカニズムを調べることによって、たくさん笑顔の写真を残せます。

3～5歳児、七五三撮影のときなどは、**ズボンのお尻の右ポケットに風船、左ポケットにラムネ**を仕込みます。

ここで注意してほしいのは、**事前にご両親にアレルギー等がないかを確認する**ことです。

お子様がいらっしゃらないと想像しづらいかもしれませんが、手洗い等、清潔であることはもちろん、アレルギーの有無には、非常に気を遣っている親御さんが多いのです。

子どもはお菓子を見ると「ほしい」になってしまうので、お菓子を見せる前に、きちんとご両親に確認しましょう。

幼児の集中力を1時間保たせるマル秘テクニック

さて、**3～5歳の集中力は、1分しか持たない**と言われています。いくら日頃から一緒にいるお母さんが「ちゃんとしなさい！」と叱っても、きちんとできるわけがないのです。

そこでここでは、僕がカメラマンとして培った、1分しか集中力のないお子様を1時間、集中力を保たせるテクニックをご紹介します。

まず、**風船を口にくわえます**。子どもはその仕草ひとつで、興味津々に見つめます。

3歳になれば言葉は通じるので、

「今からお揃いでみんなでパシャパシャ写真を撮るよ。写真が撮り終わったらこの風船、最後にどうぞするね」

と約束をします。

このとき、子どもにできない約束をしてはいけません。

約束はちゃんと守る。大人がそれを破っては、信頼関係は築けません。

また、最初に風船を渡してしまうと、ずっと風船を手にした写真になってしまい、顔を隠したり、風船で遊ぶことに夢中になったり、取り上げれば拗《す》ねたり泣いたりするため、**必ず最後に渡すことを約束**しましょう。

撮影に入ったら、口に風船をくわえたまま、**「ちょっと風船見ていてね」と言って、カメラを構えながら風船を口で膨らませます**。

子どもたちは風船が膨らむのが気になり風船を見つめるため、自然とカメラ目線になります。

ただ、風船をじーっと見つめる様は緊張感のある表情になるため、膨らんだ風船を口元からパッと離し、風船を飛ばすと、子どもたちはゲラゲラと声を出して笑います。

3～5歳くらいの子なら、床を叩きながら爆笑したり、「もう1回、もう1回」と何度も同じことで笑ってくれたりもする時期です。

時折、風船が嫌いなお子様もいるので、最初は距離を保ちながら、お子様の反応を見て、距離を縮めていきましょう。

次に僕が行なうのは、その**風船を「どうぞするね」と言って、膨らませて結ぶふり**

をし、その空気をお子様の顔にプシューッとかけて笑顔を誘います。

そうやって遊びながらコミュニケーションをとっていると、撮影を終了する頃には、「またお兄さんと遊びたい！」と言ってくれます。

そう、子どもは別に、撮影したくて来ているわけではありません。いつだって子どもは、遊びたいんです。

それを子どもの立場になって考えると、**いかに遊んでもらえるか、一緒に遊んで楽しませてくれるかが、カメラマンとしての腕の見せどころ**です。

そうした視点で撮影を進めると、「なんて笑わせるのがうまい、おもしろいカメラマンなんだ！」とご両親からも喜んでもらえたりします。

小学生との信頼関係のつくり方

小学生くらいになると、斜に構える子など、徐々に個性が出てきます。

ただ、言葉はしっかり理解してくれるので、低学年のお子様であれば、あり得ないことを言うと笑ってくれます。

僕　「今日、どこから来たの？」
子ども「大阪区から来ました」
僕　「お兄さんは今日、宇宙から来たの」
子ども「えー、うそだー！」
僕　「後で宇宙船乗っけてあげようか？」
子ども「本当に？」

そんな会話をした後、撮影の合間に背中に乗っけて「宇宙船だよ」と言ってビューッと走ったりして遊ぶと、すぐに打ち解け信頼関係が築けます。

このように、その月齢、性別に応じた笑わせ方をマスターすると、カメラの技術以上にすごくいい笑顔になって、お客様の満足度につながります。

人見知りの女の子の心を開かせる方法

子どもとの信頼関係の築き方について、もう少しお話ししたいと思います。

ほとんどの大人たちは、大人として子どもに話しかけます。

それが、子どもの心を塞《ふさ》ぐ原因になっています。

特に、人見知りしがちな2～5歳くらいの女の子は、自分が出せず、笑顔の写真が撮れないということがよくあります。

心を開いてもらうためには、同じ目線になる必要があるでしょう。

では、実際にどうすればいいのか。

まず、**子どもと同じ目線にしゃがみます**。

ここで、**「お名前なんて言うの？」という質問はNG**です。

この質問で心を塞ぐ子が、たくさんいます。大人でも初対面の人に、「あなたの名前は何？」と聞かれたら、「えっ？」ってなりますよね？

子どもにとっては、子どもも大人も関係ないのです。

それなのに、急に名前を聞かれて、大人の目線で来られたら、心を塞いでしまいたくなるのも無理はありません。

なので、僕はいつも、このように声をかけています。

「どうもこんにちは。僕は小椋翔と言います。今日はお写真撮らせてもらうね。翔君って呼んでね！　じゃあ、あなたのお名前は？」

このように、自己紹介をきちんとしてから名前を聞くと、「私は○○です」とすんなりと答えてくれます。

相手は子どもですが、こちらが1人の人間として向き合うと、不思議と人見知りはなくなり、笑顔の写真を収めることができます。

素人は赤ちゃんの顔を撮る、プロは赤ちゃんの足を撮る

素人のカメラマンは、被写体の「自分が映したいところ」を撮ろうとします。

例えば神社に行っても、お参りをする鈴を鳴らす前に立って、「ＴＨＥ観光写真」

といった正面からの写真を撮ったりします。

観光名所に行っても、その観光名所をバックに撮ってしまうのが、素人のカメラマンです。

けれど、僕たちプロのカメラマンは、その**被写体をいかに良く写すかにフォーカスしたり、その瞬間にしか撮れない一瞬を切り取る**ことができます。

例えば赤ちゃんは、1週間ごとに表情も、手足のサイズも変わってきます。

もちろん、顔の写真は撮るのですが、**手や足にピントを合わせた写真も喜ばれます**。

時には、お父さんとお母さんの手でハートマークをつくってもらい、その中に赤ちゃんの足を入れて撮影したり、パパとママの結婚指輪を赤ちゃんの人差し指と中指にはめてギュッと握る姿を撮影したり、アイデア次第でとても微笑ましい、まさに〝2人の愛の結晶〟という言葉にふさわしい、幸せが伝わる写真になります。

他にも、結婚式の前撮りでは、**新郎新婦がキスをする際の、女性が背伸びをするかかとにピントを合わせて撮影**すると、部屋に飾りたくなるような、素敵な写真になります。

素人は被写体の顔と、背景にばかりこだわるところがありますが、プロはその瞬間

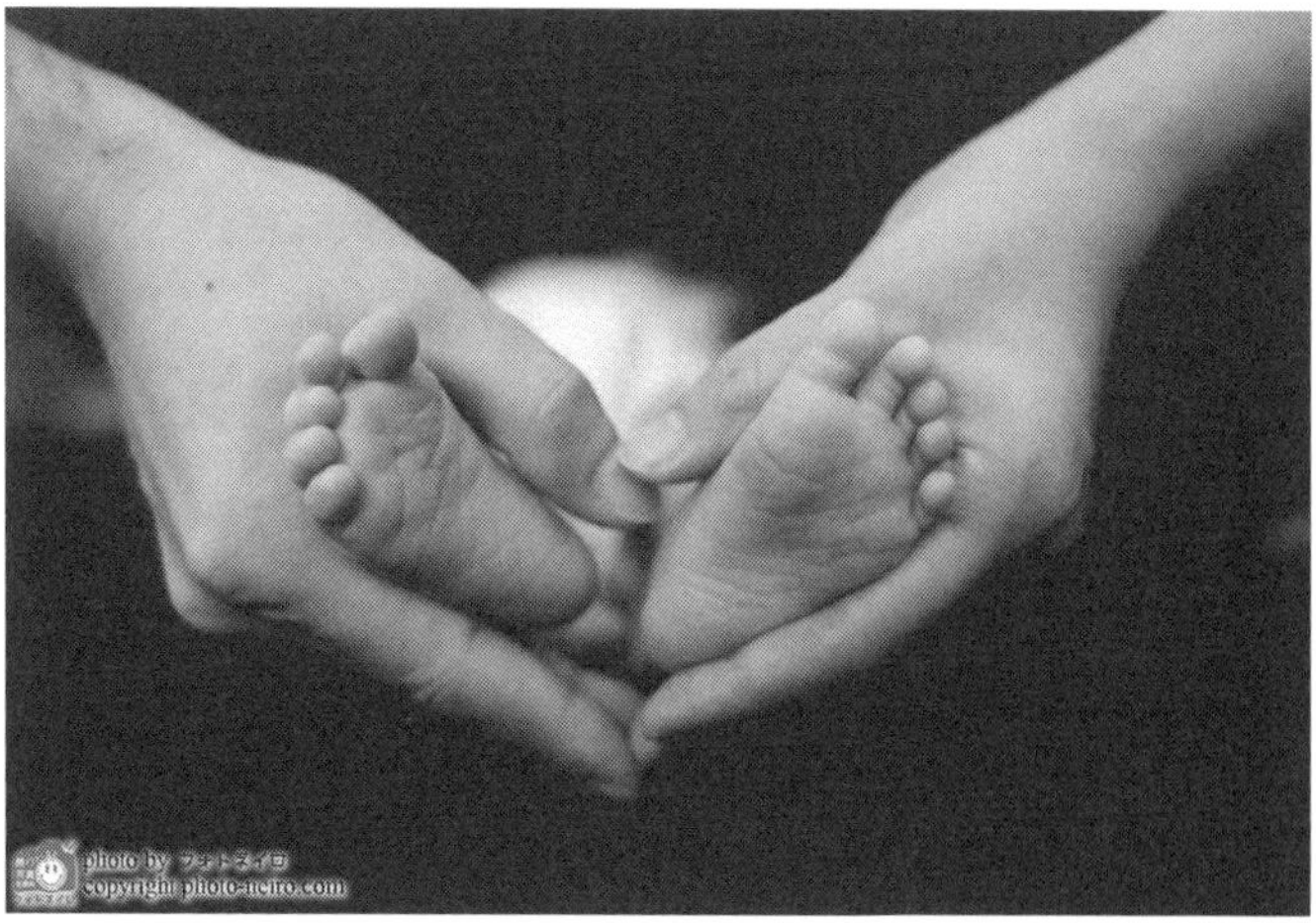
photo by
copyright photo-neiro.com

に撮れる成長やその背景、時には時代背景といったところまで意識づけて撮影しています。

自分の価値観ではなく、**客観的に、男性や女性の目線で見て、「あ、素敵だな」と思えるような瞬間**を撮ることにフォーカスすることで、アマチュアからプロの世界になっていくのです。

子どもの指に顔を描くだけでかわいい写真になる

前の項目の続きにもなりますが、パパとママ、子どもの家族写真の際に、あえて顔ではなく、**子どもの指にピントを合わせた写真**を撮ることがあります。

そのとき、子どもの指の両親指にパパとママの顔を描いて、親指を立ててくっつけて前に出し、子どもを挟む形でパパとママには立ってもらいます。

そして指にピントを合わせて、後ろに立つ家族をぼかして撮ると、とてもかわいい写真が出来上がります。

このように被写体だけでなく、いろいろなパターンで写真を撮れるようになってくると、すごく撮影の幅が広がり、「こんなふうに撮ってほしい」とお客様からもリクエストをもらえるような、ワクワクさせる写真が撮れるようになります。

僕はいつもカメラを手にすると、どんな作品を撮ろうか、ワクワクした気持ちでレンズを覗きます。

旅行が趣味なので、世界各国の世界遺産を観に行くのですが、すばらしい建築物を前に、**あえて世界遺産をぼかす**など、そんな贅沢な撮り方をすることがあります。

一般的な観光客とは異なる、僕ならではの世界遺産とのコラボレーションに、お客様もたいへん興味を抱き、「小椋さんに撮影してもらうと、こんなにワクワクした写真ができるんだ」と、新たな依頼につながったりもします。

ぜひ皆さんも、アマチュアとプロとの差がわかる、撮影テクニックを身につけてくださいね。

ブライダル撮影は、「超絶写真」が撮れる最高のチャンス

スマートフォンの普及により、一眼レフカメラの売上は減少しています。しかし、**ブライダル撮影の需要は徐々に大幅に売上を増している**という調査結果が出ているのです。

それは、結婚式場側で依頼していたカメラマンではなく、新郎新婦が探した一般のカメラマンに撮影を依頼するようになったからだと言われています。

その理由としては、一般のカメラマンのほうがアーティスティックな写真に仕上がったり、お客様の理想とする写真を撮ってもらえたりするといった声があるようです。

一方、カメラマンにもメリットがあります。

それは、**ブライダル撮影の知識や技術を通して、あらゆる写真技術が身につきやすくなる**からです。

例えば、結婚式の前撮り写真では、光を調整したり、衣装を意識したり、お二人の気持ちを乗せたりといった知識と技術が必要になります。

撮影時間も半日くらいかかるため、いい意味でも試し撮りやチャレンジができ、当日を前に新郎新婦とも信頼関係を築けたりします。

時には、新郎新婦が事前にインスタグラムなどで見たポージングをしたいといった要望もあるため、自分の引き出しが増えることにもつながります。

七五三など子どもの撮影では、技術よりも、お子様のご機嫌を取ることに8割方意識を向けなければなりません。

しかし、結婚式は大人対大人なので、**構図やカメラに集中でき、自分の作品撮りができる**のです。

もし、ブライダル撮影の中で、「超絶写真」と呼べるようなハイクオリティ写真を1枚でも撮影できれば、その1枚をSNSに掲載するだけで、シェアされて独り歩きするように広がり、爆発的な依頼につながることもあります。

そういった意味でも、ブライダル撮影はおすすめです。

料金としても、単価が20万円〜といった業者が多いため、**通常の撮影価格よりも少し高い料金設定ができる**点も、ブライダル撮影の醍醐味と言えるでしょう。

リピーターになりやすい年齢層はココ！

集客を行なうときのポイントとして、ターゲットを絞るということが大切になってきます。

統計によると、都道府県によって差はありますが、**全国平均結婚適齢期ならびに第一子出産時期は、28～30、31歳**くらいだとされています。

だいたい、その時期に結婚し、結婚後数年以内に第一子を出産する人が多いそうです。

そのため、**この年齢の人たちに向けて広告を出す**と、依頼につながりやすくなります。

ですから、七五三をターゲットにするときは、3、5、7歳プラスした年齢層の人にアプローチすると、七五三の依頼が入りやすくなるのです。

おすすめとしては、3歳、5歳をターゲットにすると、入園式、卒園式、入学式、そして7歳のときの七五三と、リピーターになる可能性が高まります。

そんなふうに、リピート率が高くて売上につながりやすいというところにフォーカスするとしたら、**妊婦さん**がおすすめでしょう。

マタニティフォトに始まり、ニューボーンフォト、お宮参り、お食い初め、ハーフバースデイ、1歳の誕生日と続くからです。

その際、**「3カ月以内にもう一度撮影していただいたら、5000円引きキャンペーン」**などを付与すれば、1年間を通してコアなファンができたりします。

単に広告費をかければいいわけではなく、**きちんとセグメントをして、ターゲットを絞った広告活動**が、稼ぐカメラマンになる秘訣です。

お客様からの問い合わせがきたときの重要ポイント

数ある写真館、数いるカメラマンの中で、お客様が依頼したいと思うのは、どのような点にあると思いますか?

お客様が写真館やカメラマンを選ぶ基準として多いのが、相性が良さそうだなと感じたり、自分の想像を超えたりするときだと言われています。

そもそも人間がお金を払う瞬間というのは、そこに**何らかの「変化」を求めている**場合がほとんどです。

変化とは、「感情」の変化、「形」の変化です。

ビジネスでは、お客様がその変化に価値を感じ、お金を支払うのが基本です。

そして、**その変化がワクワクするものであればあるほど、いっそう価値があるものになります**。


ですから、お客様から問い合わせが来たときに、**どれだけワクワクさせられるかが重要**です。

事前問い合わせの段階でワクワクさせることができれば、お客様との信頼関係も築きやすく、撮影当日もファンになってもらえたり、シェアしてもらえたりする可能性が高まります。

事前問い合わせで心がけてほしいのは、**いかに撮影を楽しみにしてもらえるか**です。

問い合わせの段階で、ワクワクするイメージを持たせることができれば最高です。

例えば僕なら、**「当日はお子様の好きなオモチャを持ってきてもらい、お写真と一緒に撮らせていただけたらと思います」**とご提案したり、**「うちは出張サービスなので、撮影時間の1時間以内であれば、何でも撮ります」**とご主人の会社の商品や、奥様のＳＮＳのアイコン画像を撮影させてもらったりしたこともあります。

このように、ちょっとしたことではありますが、お客様にワクワクして当日を迎えてもらい、撮影にもご満足いただけることで、口コミやシェアなどすさまじい速さであなた（カメラマン）の情報が拡散されていくのです。

お客様の言葉と心の声に耳を傾けながら、「こんなに自分の思いや考えを汲み取ってくれる人はいない」と思われるようなカメラマンを目指しましょう。

いつまでもお客様に夢を見させ続ける

前項目でもお話ししたとおり、お客様は「変化」を望んでいます。

そもそも、自分が撮れる写真なら、カメラマンに依頼する必要はありません。

つまり、**お客様が望んでいるのは、自分では絶対に撮れない写真**なのです。

自分では撮れない写真とは、どのようなものか。

例えば、ディズニーランドのようなメルヘンな世界を、近所の公園で演出して撮ることが、僕たちカメラマンにはできます。

また、普段はパパかママ、どちらかが撮影係になり、なかなか撮ることができない**家族写真**も、ご依頼いただくことで、全員揃っての撮影が可能です。

もちろん、三脚を立てたり、自撮り棒を活用したりと、みんなで揃って撮影する道具があれば、撮影はできます。

しかし、**1歳未満のお子様がいるご家庭**や、思春期を迎えたお子様がいるご家庭では、なかなか同じタイミングで揃っての撮影は難しいでしょう。

女性であるママは、いつまでも少女のような女心を持っていますから、プロの手できれいに撮影してもらえると、とても喜びます。

ご夫婦であれば、奥様を木にもたれかけさせて、その木にご主人の右手を伸ばしてもらい、壁ドン姿を収めることもあります。お互い、カメラマンにそんなことをさせられるとは思っていないため、急に照れて、新婚当時のような表情を見せることもあります。

そんな幸せな写真は、きっと自分たちでは撮れないでしょう。

日常では撮れないショットだけでなく、カメラマンの引き出しを引き出せば、幸せな関係を、さらに幸せに演出することができます。

撮影後、自宅に帰ってからも、「あの写真が出来上がるのが楽しみだわ」とお客様に夢を見続けさせられるカメラマンには、たくさんのファンがつきますし、売上を上げ続けることが可能です。

クレームを発生させないコツ――信頼関係を築く方法

お客様からクレームがくる理由は、信頼関係が築けていないからです。クレームの理由は、100％コレだと言っても過言ではありません。

「この写真が気にくわない！」という言葉でクレームを言い出すお客様もいらっしゃいますが、そう表現しただけで、写真技術の問題でクレームになったことは一度もありません。

技術はもちろん大事ですが、それよりも先に築き上げる必要があるのが信頼関係です。

どんなに上手に写真を撮るカメラマンでも、お客様との信頼関係が築けていなければ、ファンにもシェアにもつながりません。

では、人と人との間に信頼関係が生まれるのは、どんなときなのでしょうか。

1つは、**アイコンタクト**です。

目と目を合わせて笑顔で会話するだけで、相手を信頼しやすくなりますよね。

これは、皆さんご存じだと思います。

もう1つは、**共通点**です。

人は共通点があると、信頼関係を生み出しやすくなります。

例えば、僕はミスチルが大好きですが、ミスチルのコンサートに行くと、会場に来た初対面のファンともすぐに打ち解けて、友達のような感覚に陥ります。

そのように、撮影でも、**お客様との共通点を3つ見つけてから撮影に入る**と、信頼関係がより深まった状態で進められるでしょう。

僕　「今日はどちらからいらっしゃいましたか？」
お客様「天王寺です」
僕　「えー!?　僕と沿線が同じですね」

これでまず1つ。

僕「お子様は今、何カ月ですか？」
お客様「ちょうど3カ月になりました」
僕「僕も子どもが3人いるんですが、3カ月の頃、こんな感じでした。かわいい時期ですよね〜」

これで2つ目。

お客様「男のお子さんですか？」
僕「はい、男の子です。もう4歳になってやんちゃ盛りで大変です」

これで3つ目。
生活行動範囲が同じで、男の子を育児している……。それがわかるだけで、お客様との距離はぐっと近づきます。

そして、**撮影中も地元の話題で盛り上がったり、育児の話をしたり**と、共通点があるだけで会話は弾み、どんどん心の距離は縮むのです。

お客様もリラックスした表情を見せてくれたり、「こんな写真が撮りたかった」など、アイデアを出してくれたりすることもあります。

信頼関係が築ければ、笑顔いっぱいの写真撮影を、こちらのペースで進められます。

僕は、「信頼」という言葉が大好きです。

信頼は、「信じて頼る」と書きます。信用だと、「信じて用いる」ですが、信頼という言葉のとおり、信じて頼るほどの関係ができると、お客様から頼ってもらえます。

また、いつか写真のことで困ったり、撮りたいと思ったり、友達が写真撮影で困っているときに、信頼関係ができているお客様なら、「あ、また小椋さんに頼ろう」と思ってくださるからです。

このように、信頼関係ができていると、ビジネスとして一生困らないカメラマンになっていきます。

第8章

写真が劇的にうまくなる簡単テクニック

「玉ボケ」テクニックを使って感動フォトを撮る

今まで何回か出てきました「玉ボケ」とは、別名「丸ボケ」とも言い、キラキラした玉がボケている写真を指します。

これが上手に撮れるとプロっぽくなり、よく素人との違いでも取り上げられている写真テクニックです。

玉ボケがあると、人間の目の原理として、その写真をきれいと感じるようになっているため、玉ボケを背景に入れることで、被写体をよりきれいに見せることができます。

玉ボケは、光をぼかすことで生まれるため、**F値は開放**、つまり一番少ない数字に合わせます。

また、どこを玉ボケにするかがポイントになるので、**背景を意識**しましょう。

冬場であれば、**イルミネーション**。

夏場は、葉と葉の間に太陽の光が差し込むため、**木漏れ日**がおすすめです。

他にも、**川や海の水面や花や葉っぱなどに太陽が当たっているところ**をぼかして玉ボケにするのもアリです。

初心者ですと、イルミネーションが撮りやすいので、まずはイルミネーションで挑戦すると良いでしょう。

被写体はイルミネーションの真横ではなく、**イルミネーションから数メートル手前**に置きます。

そして、**F値を開放して、被写体にピントを合わせる**ことで、背景のイルミネーションが玉ボケになります。

慣れてきたら上級編として、被写体の前

にも光（電池式の光イルミネーションなど）を置いて、前ボケをつくり、玉ボケに囲まれた臨場感あふれるきらびやかな写真撮影にも挑戦してみてください。

玉ボケができるようになるだけで、ＳＮＳの集客力は強化されるでしょう。

思いどおりの色合いに仕上げる秘策

カメラは賢いですが、それでも限界があります。

いくら設定しても、どうしても出せない色合いなど、撮影後に微調整を行なう必要があるのです。

ですから、その限界を超えるために、撮影後に編集を行なう「ＲＡＷデータ」という撮り方があります。

カメラにあまり詳しくない人は、「ＲＡＷって何？」と思われるかと思いますが、写真には、JPEGとＲＡＷと呼ばれる2つのファイル形式があるのです。

簡単に言ってしまうと、JPEGは、完成された一枚の画像です。

一方、**ＲＡＷは撮った写真を専用ソフトで編集し、思いどおりの色合いに仕上げる**

ことができる保存形式です。ＲＡＷは直訳すると「生」ですから、その名前のとおり、未処理のデータを意味します。

プロのカメラマンは、このＲＡＷデータを用いて、好みの色合いに編集していきます。

例えば、ＲＡＷデータで青空を撮影したとします。

一般的には、**Lightroom** や **Photoshop** といった専用ソフトを使用して編集します。月々の料金はかかってしまいますが、これら専用ソフトを使うだけで、一気にプロの作品に変わるのです。

ホワイトバランスや数値を変えるだけで、青空を黄金の夕日に変えたり、朝日のような色に変えたりすることもできます。

そう、ＲＡＷデータであれば、自分の世界観を表現することが可能となるのです。

もし、Lightroom や Photoshop の操作が難しいという場合は、**プリセット**というワンクリックで加工等ができてしまう便利なアプリが無料でありますので、最初は Lightroom からプリセットを取り込んで、撮影したＲＡＷデータの色味を変更してみるのもいいでしょう。

編集するだけで、素人にはできない、一気にハイクオリティな写真が出来上がります。そうした写真をＳＮＳに投稿すると、依頼につながるのです。

ストロボ撮影で雨粒が落ちる時間を止める

フォトグラファーには、光を操る人という意味があります。つまり、カメラは、いかに光を操るかがとてもポイントになるのです。

そこで光を当てるための、ストロボという道具が必要になってきます。

例えば日中であれば、太陽光が注ぐため、自然光を活かした撮影もできますが、**太陽光を活かしながらストロボの光で被写体をくっきり映し出すという撮影法**があります。

そして、世間一般的に超絶写真と言われているのが、この**ストロボを遠隔で光らせて撮る**写真です。

遠隔で光らせるには、ストロボとは別に**トランスミッター**が必要です。このトラン

スミッターをカメラに装着し、ストロボはカメラマンが光らせたい高さ、角度に設定しておきます。

ストロボには、ソフトボックスをつけたり、アンブレラをつけたりする場合もありますが、何もつけなくても撮影は可能です。

この技法を使えば、例えば雨の日、特に大雨の日の夜に、被写体の1～2m後ろくらいでストロボを三脚に立てて被写体に光を当てると、雨粒が1粒1粒静止したような感動的な写真になります。

ちなみに、ストロボは電気が流れているので、雨に濡れると感電して危険です。必ず透明な袋に入れて、濡れないようにしてください。

同じ桜でも、色味を変えることで感動を変える

前項では、ＲＡＷデータで撮影した写真は、後で現像ソフトで色味や明るさを調整できるとお伝えしました。

つまり、自分ではミスショットだと思っていた写真でも、もしかしたら後で復活させることができるのです。

ですから、**現場では写真の白とびと真っ黒にならないことだけを意識して撮影すれば大丈夫**です。

「あとで調整できるんだ」と思えば、たった一度の撮影でも安心して撮ることができます。

特に結婚式は、会場の部屋が変わるたびにホワイトバランスを設定し直さなければなりません。

そこで、焦って設定して間違えたり、進行の妨げとなったりするくらいなら、ホワ

イトバランスも後で調整しようと割り切り、オートで撮影したほうがマシです。

また、いくらきちんと設定しても、そのリアルな色味が一般受けするとは限りません。

そもそも人間には、潜在的にイメージする色味というものがあります。

例えば、桜の花は、ほとんどが薄いピンク色をしています。

しかし、皆さんの潜在意識では、桜＝ピンクというイメージがあるため、現像する際は、**少し強めのピンクを足す**ことで、より鮮やかな印象を持たせられるのです。

星空も同じです。

肉眼では夜空の真っ暗な中に、白い点々の星が見られますが、そこに青色、正確に言うと**群青色を足す**ことで、通常、皆さんが想像する星空を具現化できるのです。

以上のことから、皆さんが持つイメージに近づける。あるいは、逆に皆さんのイメージを裏切る色合いにすると人は感動し、「さすがプロの撮った写真」と絶賛して、依頼につながるのです。

アクセサリーを使って、アート写真を撮る

カメラのアクセサリーには、いろいろな種類があります。

一脚、三脚、ストロボのアンブレラ、ソフトボックス、レンズフィルター、スタビライザーなど、まだまだたくさんのアクセサリーが販売されています。

最初からすべてが必要かと言えば、決してそのようなことはありません。ですから僕は、そのような必要な撮影依頼が来たときに道具の購入をすることをおすすめしています。

使い方については、YouTubeなどでも容易に検索できますから、参考にするといいでしょう。

もしくは、用具の使用法で検索するよりも、**してみたい撮影に応じて、どのようなアクセサリーが必要になるかを検索したほうが、必要なアクセサリーと撮影方法が一度にわかる**のでおすすめです。

例えば、星空の動画を一晩中撮りたい。

そんなときは、夜中、撮影し続けるアクセサリーも販売されています。

また、アート写真を撮りたいのであれば、アクセサリー以外にも**小物アイテム**を準備しておくといいでしょう。

例えば七五三であれば、和傘や剣、千歳飴といった撮影の小道具の他、子どもの関心を引くためのパペット、風船、シャボン玉なども常備しておきます。

シャボン玉は、吹いて遊ばせるだけでなく、吹きながらグルグルと回転してもらうことで、まるでしゃぼん玉に包まれたかのような写真が撮れたりもします。

このように、**アクセサリー＋小物＋アイデア**で、何万とおりもの撮影が可能になります。

その中には、自分の作品と呼べるものが、必ず1枚は眠っていることでしょう。

雨上がりに水たまりに映ったミラー写真を撮る

雨が降っていては撮れないし、雨が上がって時間が経過してしまっても撮れない写

真があります。

それは、水たまりを利用したミラー写真です。

最近の街は、水はけが良くなるような設計がされているので、大きくて撮りやすい水たまりがあるのは、雨上がりの数時間程度。

それを過ぎると、小さくて撮影には不向きな水たまりになってしまいます。

ポイントは、**振動が入らない水たまりを選ぶ**こと。振動があると波紋ができるため、ミラーにはならないからです。

そうした水たまりを探すなら、**高架下やトンネル内、広場や空き地**など、開けた場所がおすすめです。

まわりに大きな障害物がなければ、映り込みのバリエーションも増えます。

例えば、結婚式の前撮り写真では、水たまり＝雨を連想するため、水たまりの前で傘を持ってもらい、傘で顔を隠しながらキスをしているような姿を水たまり越しに撮影すると、アーティスティックな写真が撮れます。

皆さんもぜひ、雨上がりは、水たまりのミラー写真に挑戦してみてください。

水たまりならではのおもしろい光の反射や映り込み撮影には、**普段とは違う魔法の世界**が広がっていますよ。

シルエットで黄金の写真を撮る

シルエット写真とは、後方から光を当てて浮かび上がった輪郭、つまり被写体が影絵となる写真を意味します。

一般的には、**光の明暗差が大きいときにシルエットになりやすい**と言われています。

背景は明るく、被写体は暗く。そんなイメージがピッタリときます。

初心者がシルエット写真を撮るポイントは、その背景に何もないこと。特に、**背景を空にする**と撮りやすいかと思います。

例えば、背景にビルや木といったものがあると、被写体と合体してビルや木も真っ

What can you do to promote world peace?
Go home and love your family.
PHOTOGRAPHY @2018 OGURA SHO in OKINAWA

黒になってしまいます。

ですから、塀の上に乗って、ローアングルから空に向かって撮ると、青空をバックにしたシルエット写真が撮れます。

光の明暗差を出すためには、**シャッタースピードをかなり速くして、光を入れないように撮影する**のがポイントです。

1／8000、カメラによっては1／4000など、その場所の明るさによって速度を変えながら、撮影してください。

空は想像以上に明るいので、その空の色を残しながら被写体のバックにシルエット写真ができます。

また、**RAWデータで撮影**することで、編集ソフトを用いて、色味やホワイトバランスを調整して、真っ青な空をつくることもできます。

あるいは、オレンジがかったような色味にすれば、夕焼けのような、黄金の写真になったりもします。

その他にも、白レベルを下げることによって、被写体をさらに黒くすることができたり、例えばコントラストを上げて、白レベル、黒レベルを下げてみるなど、自分の目で確かめながら、好みのシルエットをつくり写真は完成します。

LOVEの「O」を野球のボールに替えてみる

写真はアイデア次第で感動的な作品になります。そのバリエーションも無限ですから、カメラマンを長く続けるほど、作品は増えていくかと思います。

例えば、LOVEをテーマにした写真を撮るとします。

海であれば、貝殻でLOVEの文字をつくってもいいですし、山では小枝でLOVEの文字をつくることもできます。

野球が好きな人なら、ＬＯＶＥの「Ｏ」を野球ボールで代用し、ＬＯＶＥにピントを合わせて被写体をぼかして撮ると、感動的な写真になります。

また、「Ｏ」であれば、２人で手文字でつくることもできますし、「Ｖ」の字も足の裏でつくることができます。

家族であれば、ご夫婦で「Ｏ」を、お子様の足でＶをつくり、愛にあふれた家族写真を撮影することが可能です。

写真は作品＝ポートレートとして残しておくと、お客様にご提案する際にも役立ちます。

いつでも、どんな要望にもお受けできるように、結婚式の前撮り撮影や七五三など、

カテゴライズして整理しておくのもいいかもしれません。

言葉で説明するよりも、実際の写真を見てイメージを膨らませてもらったほうが、より集客にもつながりやすくなるでしょう。

自分のスマートフォンにポートレートを溜めていき、いつでも引き出せるといいですね。

スマートフォンのおすすめカメラ機能

スマートフォンでも、高画質な写真を撮ることが可能です。

僕はiPhoneXSを使っていますが、iPhoneXS以降から**ポートレートモード**で撮影すると、後でF値を変更できるようになりました。

よって、**F値が最大1・8になるような撮り方**ができ、ボケ感の強い、アーティスティックな写真がスマートフォンでも撮れるのです。

他のスマートフォンでも同様に、**ぼかし機能**を強めていたり、**ピントロック**という機能を使えば、長押しすることでピントをロックしてくれて、ブレのない写真を撮ることも可能となっています。

その他にも、**スマートフォンで玉ボケをつくるテクニック**など、一眼レフのような写真が撮れる性能が備わっています。

他の章でも、カメラの充電器を忘れてしまい、スマートフォンで撮影したカメラマンのお話をしましたが、いつどこで、何があるかわかりません。

お手持ちのスマートフォンの機能を知り尽くしておくことで、緊急時の撮影にも役立つことがあるかもしれません。

おわりに――カメラマンは、幸せの瞬間を切り取る魔法の仕事

本書を手に取り、最後までお付き合いくださり、ありがとうございました。

あなたは、どんな感想を抱きましたか？

「まずは副業カメラマンからチャレンジしてみようかな」

「プロカメラマンって誰でもなれるんだ」

「カメラマンってこんなに稼げるの？」

「私も時間、お金、場所に縛られない生き方をしてみたいな」

「人生そんなにうまくいくの？」

10人いれば、10通りの感想があるかと思います。

そう、自分と同じ価値観を持ち、同じ人生を歩む人など、誰一人としていないのです。

これからはＡＩが活躍する時代と言われていますが、**ＡＩでは絶対に補えないもの**があります。

それは、「あなた」です。

ですから、**自分という商品にどんな付加価値を見いだし、どうやって生きていくのか。**

その生き方＝ライフスタイルを確立できた者が、ＡＩが活躍するこれからの時代で重宝されるニーズです。

僕が代表を務めるカメラマン養成所**「カメラマン全力授業」**では、カメラを「手段」とした、あなたの人生の最大の「目的」を実現する方法を、受講生たちに惜しみなく伝え続けています。

カメラ歴０日でも売上を上げ、たった３カ月で、「時間」「お金」「場所」に縛られない生き方を学び、卒業する頃にはそれぞれの「目的」にフォーカスした人生に向けて旅立ちます。

僕は、自分のライフスタイルを確立できた彼らこそ、これからの時代に求められる人材像であり、成功者と呼ばれる方々になっていくのだと思います。

とはいえ、そんな偉そうなことを語っている僕だって、挫折の連続でした。夢をあきらめ、事業に失敗し、多額の借金を抱えた状態からのスタートだったのですから……。

僕の本当の使命に気づくまで――。

一番上の子どもが生まれ、子どもの成長やその時々の気持ちを後からでも思い出せるように記録に残しておきたいという思いから、何気なく手に取った一眼レフ。まるで新しいオモチャを与えられた子どものように、わからないなりにも夢中で写真を撮っている時間がとても楽しくて、

「カメラマンって幸せの瞬間を切り取る魔法の仕事だな」

「カメラで仕事ができたら最高だろうな」

なんて思い立って始めた写真館は、たちまち業績を上げ、あっという間に従業員も増え、事業は軌道に乗りました。

かつて鳴かず飛ばずのミュージシャンとして活動し、その後はテレビ番組の制作、貿易会社をやっていた僕でしたが、写真館は初めて成功したビジネスでした。

おかげさまで、写真館で得たお金で、新たにフィットネスクラブと飲食店もオープンさせることができました。

傍から見れば、そんな僕の人生は、とても幸せな人生に映っていたようでしたが、それでもまだ「時間」「お金」「場所」に拘束されている感は拭《ぬぐ》えず、心の片隅には、いつもそんなモヤモヤがあったのです。

そんなとき、とある成功者にお会いし、こんな言葉をお聞きしました。


「小椋さんね。

家族も友達も増やすことはできる。

自分の資産も増やすことができる。

でもね、時間だけは絶対増やせないんだよ。

時間だけは有限だよ」

この言葉を聞き、僕はハッとしました。

それは、僕の人生で一番貴重なものは「時間」だと気づかされたからです。

「時間」は有限。

だから僕は、「時間」にフォーカスすると決めたのです。

目的が明確になり、「時間」にフォーカスすると決断した僕は、まず「時間」にとらわれている物事を、すべて断ち切ることにしました。

結果、思い入れの強かった写真館、高額な初期投資をしたフィットネスクラブ、飲食店を、それぞれの店長に無償で譲渡しました。

そしてこれからは、自分が培ったノウハウを人に提供しようと決めて、カメラ歴０日でも月収１００万円以上の売上を立てられるカメラマンを育成する「カメラマン養成所」を立ち上げたのです。

そんな僕の現在の肩書きは、「カメラひとつで世界中を旅する経営者」です。

「時間」にフォーカスした結果、あらゆるものを断ち切りましたが、「有限な時間の使い方」ができるようになったことで、以前よりも売上は伸び、かねてから望んでいた毎月の家族旅行も即実現しました。

今思うと、カメラマンとして現場にいたときは、本来の「目的」であった時間、お金、場所にとらわれない生き方を目指すよりも、そのための「手段」であった、カメラや経営にフォーカスしすぎていたのだと思います。

けれど、本当に大事なのは、

人生は「目的」にフォーカスすべきであり、「手段」に依存してはならない

ということです。

改めて、目的にフォーカスを当てることが大事だと気づいた僕は、新たに自分の人生の目的、使命を決めました。

僕の生きる目的（夢、使命）は、「世界をより豊かにすること」です。

自分の子どもや家族だけでなく、まわりの多くの人たちに幸せになってほしい。

そのためには、世界がより豊かになる必要がある。

そう思ったからです。

――使命を全うするために受講者2000名募集

「世界をより豊かにする」

僕の使命をそう決めてからは、豊かさについて勉強し、実践しています。

僕は、豊かさは次の4つに分類できると思っています。

①精神が落ち着いているか。
②知性が磨かれているか。
③健康的であるか。
④まわりに貢献しながら①②③を手に入れることができるか。

まわりに貢献してこそ初めて、自分の豊かさにもつながっていきます。

ですから、今後僕にできるのは、貢献活動をもっと広げていくこと。

それが自分も、身近な人たちも、世界をもより豊かにすることにつながると考えました。

そこで、まずは豊かな人生を送れる受講生を、2019年は2000人つくろうという計画を立て、動き出しています。

最後に――。

もし今、あなたが「余命3カ月」と言われたら、どうしますか？

それくらい差し迫った状況になって初めて、本当に自分がやってみたかったことが見えてきたり、自分の生きる意味、目的も考えやすくなるからです。

とあるデータによると、**「アメリカ人で良かった」と思っているアメリカ人は、約90％**いるそうです。

一方、**「日本人で良かった」と思っている日本人は、約50％**しかいません。

また、世界でも豊かな国と言われる日本の自殺率は、世界でもワースト6位と、先進国でも最悪レベルだそうです。

だからこそ僕は、**もっと「自分の人生は最高だ！」と言い切れる人を増やしたい**と願い、そうした気持ちで毎日を過ごせるライフスタイルを確立できた人々であふれる、美しい時代をつくっていきたいと思っています。

まだ自分の使命がわからないという人もいるかと思いますが、使命の根源があなたの「やりたいこと」であれば、当然ワクワクしますし、やればやるほど、まわりの人も必ず豊かになる道が見えてきます。

どんなに小さな使命でもいいので、まずは**自分の生きる意味、目的を明確に持って、チャレンジする生き方**を心がけてみてくれたら、とってもうれしいです。

そうすれば、やりたいことが何でもできる、豊かな人生に変わるでしょう。

人生は「できる、できない」ではなく、「やるか、やらないか」。

あなたはどちらですか？

いつかどこかで、あなたにお会いできることを楽しみにしております。


そして、最後にもう1つ。

僕の夢の1つでもある出版を実現するのに、たくさんの支えがありました。

愛する嫁ちゃん、大事な子どもたち、両親、相棒の大嶋茂樹、運営のみど、にっきー、ゆいちゃん、うちの従業員のしほちゃん、カメラマン全力授業の認定講師くりちゃんを含めたみんな、サポのみんな、カメラマン全力授業の卒業生、受講生、仲間たち。大好きなカメラマン出田憲司さん、イルコさん、出版に対して何もわからない僕にイチから教えてくださった、天才工場の吉田さん、潮凪さん、佐藤さん。そして、出版が決まったときに何よりうれしかったのが、大好きであり、愛読書がたくさんあるフォレスト出版での出版でした。たくさんサポートしてくださったフォレスト出版の皆さん。ＳＮＳ等でいつも応援してくださっている皆さん。この本を手にしてくださった皆さん。

本当にありがとうございます。

感謝と愛を持って、また夢に向かう冒険に出ます。

次は、何をしようかな？

２０１９年５月

小椋　翔

【著者プロフィール】

小椋 翔（おぐら・しょう）

カメラマン養成所「カメラマン全力授業」代表。株式会社コトノ葉代表取締役。

1983年、大阪府八尾市生まれ。2001年、近畿大学文芸学部芸術学科演劇・芸能専攻コース入学。2010年、株式会社コトノ葉設立。世界中を旅する3児のパパ。

バンド「コトネイロ」でデビュー（現在もカラオケに入っている）。貿易業務の会社を起業するも、納品物の瑕疵によって数千万円を請求される。連帯保証人契約により、自分が死んでも請求が家族にいってしまい「死ぬに死ねない状態」を経験する。そのとき、わが子を撮影するために購入した3万円のカメラ1台で、そのまま写真館をオープンし、その後に出張撮影を開始。全国どこにでも出張する撮影サービスとして好評を呼ぶ。そこからフィットネスクラブ、飲食店を開業し従業員を多い時に30人以上まで増やす。2017年、カメラマンを育成する「カメラマン全力授業」を全国で開始。たちまち人気講座となり、受講生の中には月に100万円以上を稼ぐカメラマンも多数輩出している。

◎小椋翔 Facebook：https://www.facebook.com/sho.ogura
◎小椋翔 LINE@：@ogusho で検索（@を忘れずに）

副業するならカメラマン

2019年6月15日　　初版発行
2024年5月 9 日　　4刷発行

著　者　小椋　翔
発行者　太田　宏
発行所　フォレスト出版株式会社
〒162-0824 東京都新宿区揚場町2-18　白宝ビル 7F
電話　03-5229-5750（営業）
03-5229-5757（編集）
URL　http://www.forestpub.co.jp

印刷・製本　中央精版印刷株式会社

ISBN978-4-86680-039-4　Printed in Japan

副業するなら
カメラマン

読者の方に無料
2大プレゼント

【1】カメラ・レンズ等すべて含めて
3万円でプロ写真をとる方法⁉

（動画ファイル）

【2】あり得ないほど依頼がくるLINE活用法

（PDF ファイル）

著者・小椋 翔さんより

「カメラ歴０日」からでも稼げるカメラマンになるために必要なエッセンスを解説した動画と PDF を、特別プレゼントとしてご用意しました。ぜひダウンロードして、あなたが望む副業としての稼げるカメラマンの実現にお役立てください。

特別プレゼントはこちらから無料ダウンロードできます↓

http://frstp.jp/camera

※特別プレゼントは Web 上で公開するものであり、小冊子・DVD などをお送りするものではありません。
※上記無料プレゼントのご提供は予告なく終了となる場合がございます。あらかじめご了承ください。